Susanne Wingels

Heimatschätze

Historische Orte in der Eifel entdecken

aktiv
KLARTEXT

Bildnachweis

Alle Aufnahmen stammen von der Autorin.

Bibliografische Information der Deutschen Nationalbibliothek
Die Deutsche Nationalbibliothek verzeichnet diese Publikation in der Deutschen Nationalbibliografie; detaillierte bibliografische Daten sind im Internet über portal.dnb.de abrufbar.

Impressum

1. Auflage September 2023
Satz und Gestaltung: Birgit Lonsdorfer
Lektorat: Kirsten Düspohl
Druck und Bindung:
AALEXX Druck Produktion, Thönser Str. 5a, 30938 Burgwedel
Umschlaggestaltung: Guido Klütsch
Umschlagabbildung: Bad Münstereifel (Foto: Susanne Wingels)
Autorinnenfoto Umschlagklappe: Jana Kathrin @fotostudiopeschges
Übersichtskarte Seite 7: © AnyWay Productions

ISBN 978-3-8375-2563-2

KLARTEXT

Jakob Funke Medien Beteiligungs GmbH & Co. KG
Jakob-Funke-Platz 1, 45127 Essen
info.klartext@funkemedien.de
www.klartext-verlag.de

Neuerburg im Frühling

Legende

Sehenswürdigkeit

barrierefrei

eingeschränkt barrierefrei

Aussichtspunkt

Fotospot

Fahrradstrecke

Wanderstrecke

Kulturstätte

Kunstobjekt

Familienfreundlich

Freizeitspaß

Naturerlebnis

Inhalt

Römische Villa Otrang im Bitburger Land

1 Nideggen
2 Heimbach
3 Mechernich-Kommern
4 Bad Münstereifel
5 Monschau
6 Rund um Schleiden
7 Hellenthal-Reifferscheid
8 Rund um Nettersheim
9 Blankenheim
10 Adenau
11 Mayen
12 Monreal
13 Münstermaifeld
14 Kronenburg
15 Hillesheim
16 Prüm
17 Gerolstein
18 Bad Bertrich
19 Neuerburg
20 Bitburg
21 Dudeldorf
22 Wittlich
23 Bollendorf
24 Trier

Burg Hengebach in Heimbach

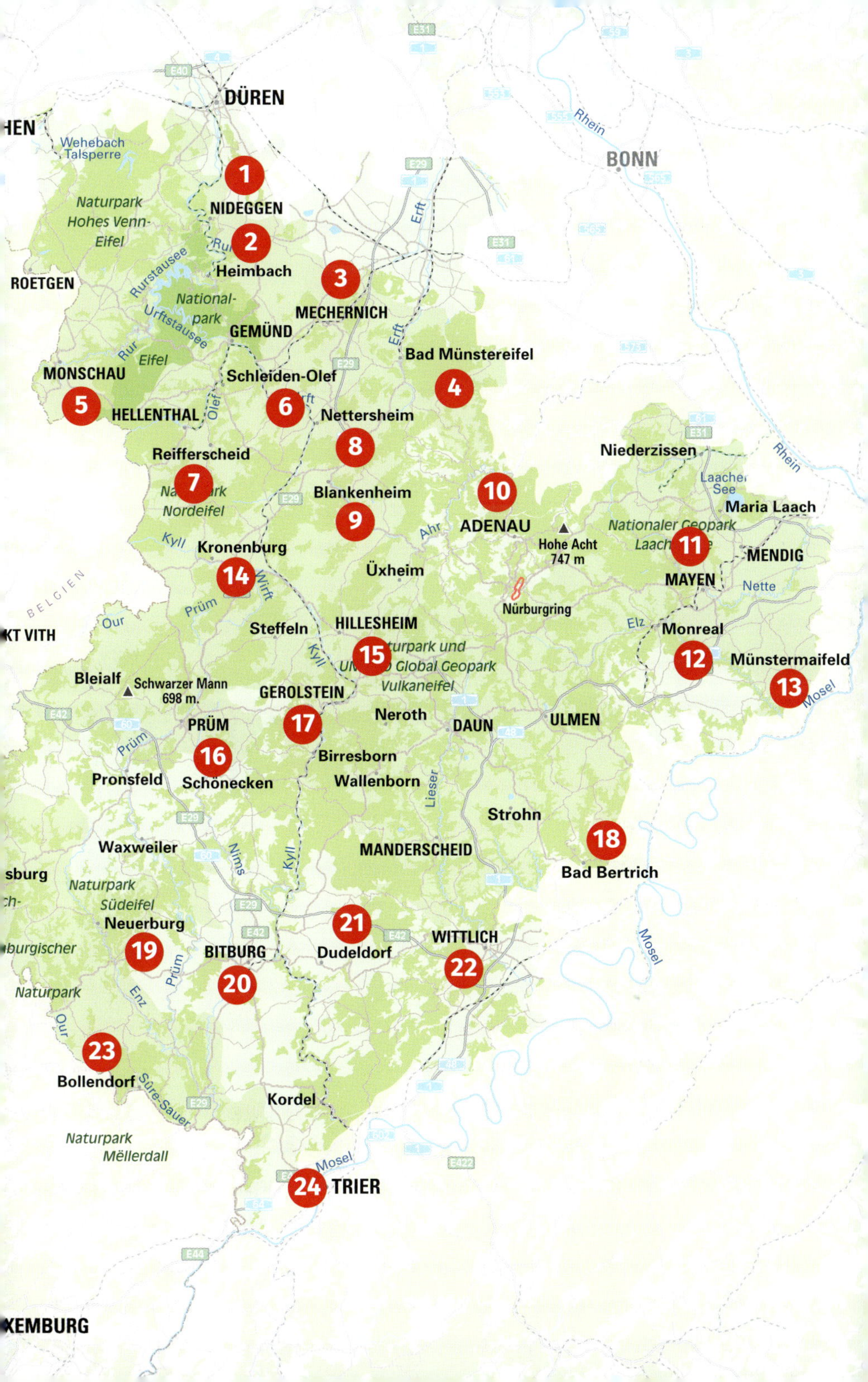

DÜREN
BONN
Rhein
Wehebach Talsperre
NIDEGGEN
Naturpark Hohes Venn-Eifel
Heimbach
ROETGEN
Rurstausee
National-park
Urftstausee
MECHERNICH
GEMÜND
Erft
Bad Münstereifel
Rur
Eifel
MONSCHAU
Schleiden-Olef
HELLENTHAL
Olef
Nettersheim
Reifferscheid
Niederzissen
Laacher See
Maria Laach
Blankenheim
ADENAU
Hohe Acht 747 m
Nationaler Geopark
MENDIG
MAYEN
Nette
Ahr
Kyll
Kronenburg
Üxheim
Wirft
Nürburgring
BELGIEN
Prüm
Our
Steffeln
HILLESHEIM
Elz
Monreal
Münstermaifeld
Mosel
Vulkaneifel
Bleialf
Schwarzer Mann 698 m
GEROLSTEIN
Neroth
DAUN
ULMEN
PRÜM
Birresborn
Pronsfeld
Schönecken
Wallenborn
Lieser
Strohn
Waxweiler
Nims
MANDERSCHEID
Bad Bertrich
Naturpark Südeifel
Neuerburg
WITTLICH
BITBURG
Dudeldorf
Enz
Naturpark
Bollendorf
Süre-Sauer
Kordel
Naturpark Mëllerdall
TRIER

Blick auf Prüm mit Basilika, Abtei und Kalvarienberg

Vorwort

Wo fängt Geschichte an und wo hört sie auf? Das ist die Frage, die sich mir aufdrängt, während ich beginne, die Historie der Eifel zu erkunden und aufzuschreiben. Ist eine sehenswerte Kirche aus dem Jahr 1913 alt genug, um historisch zu sein? Und was ist mit den geologischen Formationen, den Maaren, dem 390 Millionen Jahre alten Meeresboden, aus dem das Grundgebirge an manchen Orten besteht? Dies ist die Urgeschichte der Eifel und genauso erwähnenswert wie mittelalterliche Burgdörfer, Altstädte voller Fachwerkhäuser, stattliche Burgen, Ruinen und herrliche Schlösser. Hinzu kommen die 1.000 Sagen und Legenden, die seit frühester Zeit überliefert wurden, sowie die Relikte der Kelten und der

Römer. Die Eifel ist so reich an Stoff und so vielfältig, dass es noch unendlich viel mehr zu zeigen und zu erzählen gäbe als die wenigen Orte und Geschichten, die in diesem Buch Platz finden.

Ich kann Sie nur auffordern, aufmerksam zu schauen, weiter zu erkunden und niemals die Neugier zu verlieren. Die Eifel und ihre Bewohner offenbaren ihre Geschichte(n) gerne – hören Sie zu und sehen Sie sich um. Viel Freude dabei!

Herzlichst
Susanne Wingels

Burgort auf hohem Fels

Nideggen

Burg Nideggen
(Blick vom Krawutschketurm)

Die trutzige Burg auf imposantem Fels trägt einen mächtigen Namen: Nideggen! Eindrucksvoll sind nicht nur die Geschichte und die Erscheinung der Burg, die auf einem steilen Buntsandsteinfelsen thront, eingerahmt von wildromantischer Natur, hoch über dem mittleren Rurtal. Die ganze Ortschaft vermag es, ihrem Besucher den Atem zu rauben mit ihren alten Wehranlagen, den Stadttoren und dem historischen Marktplatz, der insbesondere nachts, wenn alles ruht, Würde und Beständigkeit ausstrahlt, während die Historie aus jeder Pore zu kriechen scheint.

Ein Großteil der Häuser in der Altstadt erstrahlt buntsandsteinfarben oder in gepflegtem Fachwerk. Das Zülpicher und das Dürener Tor sowie Teile der Stadtmauer ermöglichen einen stilvollen Eintritt in den historischen Teil des Ortes.

1

Anreise Pkw/Parkplatz:
Parkplatz am Zülpicher Tor, Zülpicher Straße, 52385 Nideggen
(GPS 50° 41'18.14"N, 6° 29'2.30"E)

Anreise mit ÖPNV:
Buslinien 210, 221, 233, 285, N03a, SB88,
Haltestelle „Nideggen, Dürener Tor"

www.nideggen.de
www.rureifel-tourismus.de

Der Weg zur Burg führt stetig bergauf bis zum äußersten und höchsten Punkt der Felsnase, auf der Graf Wilhelm II. von Jülich nach seinem Streit mit dem mächtigen Kurköln zwischen 1177 und 1191 seine Festung errichtete, die als uneinnehmbar galt. Diese lag übrigens nur 3 km entfernt und in Sichtweite der Reichsburg Berenstein, die sich auf dem Burgberg bei Bergstein befand, dort, wo heute der Krawutschketurm eine grandiose Aussicht bietet.
Die erste Anlage der Burg Nideggen bestand aus einem Donjon (Hauptturm), einer Ringmauer und Wirtschaftsgebäuden. Aufgrund der wachsenden Bedeutung des Herzogtums Jülich wurde die Burg im Laufe der Jahrhunderte um einen mächtigen Palas mit Wohnbau und um weitläufige Zwingeranlagen erweitert. 1313 erhielt der vor ihren Toren entstandene, ebenfalls befestigte Burgflecken seine Stadtrechte. Von den ursprünglichen Stadttoren existiert lediglich das Brandenburger Tor nicht mehr. Die zwischen Burg und Altstadt gelegene romanische Pfarrkirche St. Johann Baptist wurde bereits 1219 erbaut und enthält ein Fresko aus dem Jahr 1240 – eines der ältesten in Deutschland! Es wurde in der damals üblichen Kalk-

Pfarrhaus aus dem 17./18. Jahrhundert

Tipp

Rund um Nideggen gibt es reichlich Möglichkeiten, sich aktiv zu betätigen: beispielsweise im Klettergarten Nordeifel oder auf der Buntsandsteinroute sowie lokalen Wanderwegen.
www.klettergarten-nordeifel.de
www.eifel.info/wandern/wanderwege/a-buntsandsteinroute

secco-Technik angefertigt, bei der Kalktünche auf Kalkmörtelputz aufgetragen wird. Nur der liebevollen Restaurierung 1898 und nach dem Zweiten Weltkrieg ist es zu verdanken, dass wir heute dieses alte Kunstwerk bewundern können.

Niedergang der Burg

Im 16. Jahrhundert legten sich die Erben der Jülicher Grafen, die Herzöge von Jülich-Kleve-Berg, mit dem Kaiser an. In der sogenannten „Jülicher Fehde" ging es um das Erbe des Herzogtums Geldern. 1542 zerstörten daraufhin Artilleriegeschütze des Kaisers Karl V. sowohl die Burg als auch die Stadt Nideggen. Der Pfälzische Erbfolgekrieg knapp 150 Jahre später sowie Erdbeben im 18. und 19. Jahrhundert bereiteten der wehrhaften Höhenburg endgültig den Garaus. Nach 1902 wurden Teile der Ruine wieder instand gesetzt. Heute beheimatet sie einen Restaurantkomplex sowie ein Museum im Bergfried, bei dessen Besuch auch die Kapelle und das Verlies besichtigt werden können. Nideggens schwarz-gelbes Stadtwappen zeigt heute noch den Jülicher Löwen mit einem Pfeil.

Geschichtsträchtige Ortschaften

Doch nicht nur Nideggen selbst hat spannende Geschichten zu erzählen. Im Tal, unmittelbar an Mühlbach und Rur, liegt die malerische Ortschaft Abenden mit zahlreichen historischen Fach-

Sinusstein auf dem Hondjesberg bei Abenden

werkbauten und einer romanischen Kirche. Zudem wurde am Kirchbusch zwischen Abenden und der Ortschaft Berg eine Vielzahl von römischen Landgütern sowie ein Matronenheiligtum aus dem 1./2. Jahrhundert n. Chr. ausgegraben.

Im Badewald oberhalb der Hondjesley stellt der geheimnisvolle Sinusstein mit seinen vermutlich während der Keltenzeit eingeritzten Symbolen Historiker vor Rätsel. Ob Opferstein oder Sonnenuhr – an dem mystischen Felsen spielen Wünschelrute und Kompass verrückt.

Museum

Burgenmuseum Nideggen

Das Museum entführt auf eine Zeitreise ins Mittelalter: Historische Räumlichkeiten im Bergfried – inklusive Kapelle und Verlies –, zeitgenössische Möbel, Ausstellungsstücke, Dioramen und multimediale Präsentationen laden zu einer großen Entdeckungsreise ein. Führungen, standesamtliche Hochzeiten, Kindergeburtstage und das Burgrestaurant mit zwei verschiedenen Restaurants, Eventlocations, Schenke und Biergarten runden das Angebot ab.

Kirchgasse 10a, 52385 Nideggen (www.kreis-dueren.de/burgenmuseum)

In der Nähe

Hürtgenwald

Der Name Hürtgenwald ist in den USA bekannter als hierzulande. Die dem Bau des Westwalls 1938 folgenden heftigen, zerstörerischen und äußerst verlustreichen Kampfhandlungen zwischen amerikanischen und deutschen Truppen im Oktober 1944 bis Februar 1945 waren weniger durch ihren taktischen Wert so bedeutsam als vielmehr durch die hohen Opferzahlen: Tod, Leid und Vertreibung sowohl für die beteiligten Soldaten auf beiden Seiten als auch für die Bevölkerung vor Ort. Die Allerseelenschlacht im Kalltal gilt als die größte Niederlage der US-Division auf europäischem Boden. Vor Ort geben ein Museum, ein „Historisch-literarischer Wanderweg" mit mehreren Themenschleifen sowie ein Multimedia-Historyguide mit Tondokumenten und Filmen die Möglichkeit zur Aufarbeitung und zur Beschäftigung mit den historischen Gegebenheiten. Hürtgenwald liegt aufgrund seiner Bedeutung ebenfalls an der „Liberation Route Europe". „History Guides" bieten „Zeitreise-Touren" an.

Gedenkstein vor dem Museum in Hürtgenwald

Gastronomie

Burgrestaurant Nideggen GmbH, Kirchgasse 10a, 52385 Nideggen (www.burgrestaurant-nideggen.de)
Hotel & Restaurant Ratskeller, Markt 1, 52385 Nideggen (www.ratskeller-nideggen.com)

Stolze Burg, wilde Natur und ein heiliges Bild

Heimbach

Burgblick vom Bildchesberg

Zu Füßen des wildromantischen Naturschutzgebiets Kermeter liegt der Luftkurort Heimbach, in dem sich die verschiedenartigsten Qualitäten vereinen – gleich jenem Labyrinth, das hier wenige Meter oberhalb des Rurufers Ruhe und Gelassenheit vermitteln soll.

Gleich mehrere optische Reize wecken das Interesse der Besucher: malerische Fachwerkhäuser, eine farbig leuchtende Kirche und eine trutzige Burg, die über all dem thront, umrahmt von einzigartiger Natur und menschengeschaffenen Stauseen – und in stolzer Breite durchflossen von der Rur. Mit knapp 1.100 Einwohnern im Stadtkern und gut 4.000 insgesamt gilt sie als kleinste Stadt Nordrhein-Westfalens, doch ist sie reich an Besuchern, Ausflüglern und Wallfahrern.

2

Anreise Pkw/Parkplatz:
Parkplatz Heimbach, Hengebachstraße 301, 52396 Heimbach
(GPS 50°38'2.79"N, 6°28'27.99"E)

Anreise mit ÖPNV:
RB21, Haltestelle „Heimbach"
Buslinie 231, Haltestelle „Heimbach Rurufer"

www.heimbach-eifel.de
www.rureifel-tourismus.de

Mittelalterliche Burg Hengebach

Bereits im Jahr 673 wurde Heimbach erstmals urkundlich erwähnt. Die mittelalterliche Burg Hengebach geht auf die Zeit der Normanneneinfälle im 10. Jahrhundert zurück. Im 13. Jahrhundert wurde der Hengebacher Graf durch den Tod seines Onkels mütterlicherseits (Wilhelm II. von Jülich) zum Grafen Wilhelm III. von Jülich, was in der Folge unter seinem Sohn zu Streitigkeiten mit den Kölner Erzbischöfen führte. 1687 brannten Ort und Burg fast vollständig nieder. Zeit und Kriegseinwirkungen führten über Jahrhunderte zum Verfall der Anlage, bis im 20. Jahrhundert Ausgrabungen und Restaurierungsarbeiten in Gang kamen, die uns die inzwischen wieder sichtbare Pracht bescherten. Heute ist die Burg barrierefrei zugänglich. Vom Bergfried bietet sich ein atemberaubender Blick auf die Ortschaft und die umliegende Natur.

Burg Hengebach

Wallfahrtskirche St. Salvator

Die benachbarte Abtei Mariawald sorgte für Pilgerströme von nah und fern. Zum Schutz vor Zerstörung wurde das Ziel all dieser Wallfahrer, das Gnadenbild, 1804 in der barocken Heimbacher Pfarrkirche St. Clemens untergebracht. Aufgrund der nicht abreißenden Pilgerströme wurde in den 1970er Jahren die moderne Wallfahrtskirche St. Salvator angebaut – ein spannendes architektonisches Ensemble, in dem das Bildnis zu bewundern ist und das einen eindrucksvollen Rahmen für Einkehr, Stille und Gebet bietet. Parallel hat sich das Kloster, ausgestattet mit einer Replik, seine zugleich verwunschene und zutiefst spirituelle Wirkung bis heute bewahrt.

Museum

Jugendstil-Wasserkraftwerk Heimbach

An der Rurbrücke südlich des Heimbacher Ortsteils Hasenfeld liegt ein 1900 im Jugendstil erbautes Wasserkraftwerk, durch das zu festen Zeiten und nach Absprache Führungen angeboten werden. Mit Hilfe des Wassers aus der Urfttalsperre und des Kermeterstollens werden bis zu 16.000 Kilowatt Strom erzeugt. Einige der ursprünglichen Francis-Turbinen befinden sich noch vor Ort.

www.rureifel-tourismus.de/a-jugendstil-wasserkraftwerk-heimbach

Luftkurort und Freizeitziel

Zahllose Wanderrouten und Radwege, Freizeitangebote und die umliegenden Naturschönheiten und Stauseen sorgen dafür, dass nicht nur Wallfahrer, sondern auch zahllose Ausflügler besonders an den Wochenenden nach Heimbach pilgern, um das bunte Angebot des quirligen Ortes und seiner Umgebung zu nutzen.

Gastronomie

Restaurant Eifeler Hof, Hengebachstraße 43, 52396 Heimbach (www.eifeler-hof.eu)
Café Stilbruch, Hengebachstraße 26, 52396 Heimbach (www.stilbruch-cafe.de)
Stadt-Café Heimbach, Hengebachstraße 55, 52396 Heimbach (www.stadtcafe-heimbach.de)

Blick vom Bergfried der Burg Hengebach auf die Altstadt

Info

Die Wallfahrt/Kloster Mariawald

Spricht man im Kloster Mariawald von einem spirituellen Erlebnis, nicken alle nur bestätigend: „Ja, das passiert hier oft." So sind sowohl das Kloster als auch das zugehörige Gnadenbild der Schmerzhaften Mutter, dessen Original sich seit der Napoleonischen Zeit in der Heimbacher Pfarrkirche St. Clemens und Christus Salvator befindet, alljährlich das Ziel etlicher Pilger und Wallfahrer. Entdeckt wurde es 1470 vom Heimbacher Strohdecker Heinrich Fluitter in Köln. Er lieh sich Geld, erwarb es für neun Mark, erbaute mitten im Wald eine kleine hölzerne Kapelle, stellte es hinein und lebte fortan als Einsiedler dort. „Maria im Wald" zog zahlreiche Menschen in ihren Bann, sodass 1487 dort das erste Kloster gegründet und 1511 die erste Klosterkirche geweiht wurde. Seit 1520 befindet sich das Bildnis in einem kostbaren Passionsrentabel aus Antwerpen – mittlerweile in der Heimbacher Wallfahrtskirche. Das Kloster wurde 2018 aufgegeben, doch obwohl sich in der Klosterkirche „nur" eine Replik befindet, ist sie zu Recht ein Ort der Kraft, Hoffnung und Einkehr.

www.heimbach-wallfahrt.de
www.kloster-mariawald.de

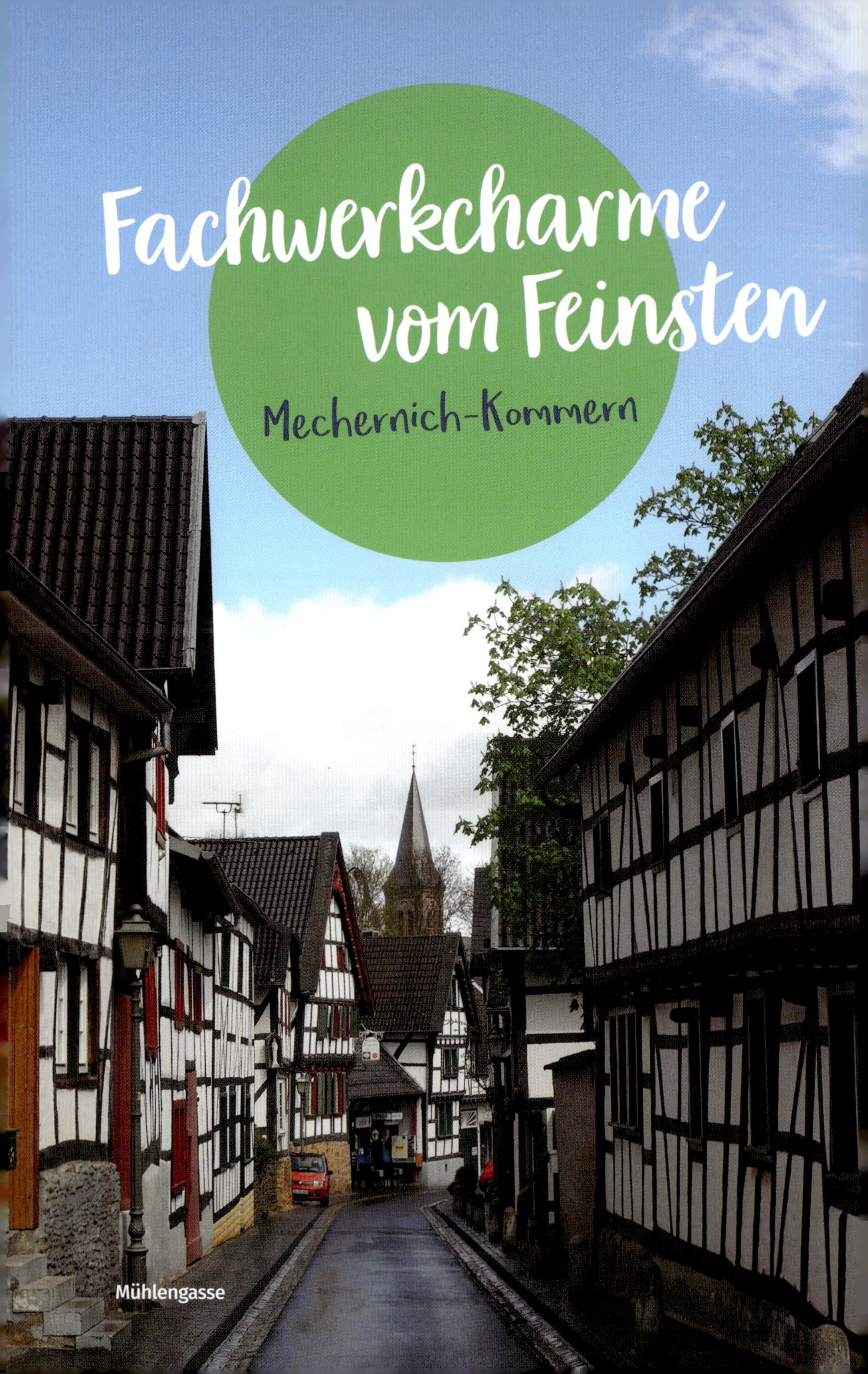

Fachwerkcharme vom Feinsten

Mechernich-Kommern

Mühlengasse

Der Name Kommern ist für viele Menschen untrennbar mit dem Freilichtmuseum verbunden – in dem auf einem Gelände von 100 Hektar eine Zeitreise vom Feinsten geboten wird. Gleich nebenan präsentiert sich, ebenfalls „Open Air“, in der beschaulichen Ortschaft das größte zusammenhängende Fachwerkensemble des Rheinlands. Vor allem am Kirchberg, der Kölner Straße und in der Mühlengasse schlägt das Herz höher angesichts der prachtvollen alten Häuser und ihrer gepflegten Fassaden. Fachwerk kann so vielseitig sein!

Während die Umgebung trotz ihrer landschaftlichen Schönheit die Spuren des Blei- und Silberbergbaus trägt, spiegelt die Ortschaft selbst den Wohlstand wider, den dieser mit sich brachte. Am Kirchberg thront nicht nur die dreischiffige neugotische Pfarrkirche, sondern auch die Burg, deren älteste Teile aus dem Jahr 1350 stammen. Sie diente als Verwaltungssitz der Herzöge von Arenberg und ist heute in privaten Händen. Die Parkanlage und die prachtvolle Fassade können von außen eingesehen werden.

3

Anreise Pkw/Parkplatz:
Arenbergplatz, Kölner Straße 47, 53894 Mechernich-Kommern
(GPS 50°36‘44.29“N, 6°38‘52.67“E)

Anreise mit ÖPNV:
Buslinien 808, 809, 888,
Haltestelle „Mechernich Kommern Mitte“

www.mechernich.de

Fachwerkhäuser an der Kölner Straße

Im Gebiet um den Griesberg/Altusknipp können neben dem Römerkanal und schönen Aussichten hinab in die Ebene über Euskirchen bis in den Kölner Raum hinein Abbaulöcher erkundet werden, die aus dem Abbau der Bleierzvorkommen im Tagebau stammen (Parkgelegenheit: im Mühlenpark oder am Bleibachsee). Die 4,2 km lange Eifelschleife „Altusknipp-Weg" mit knapp 100 Höhenmetern bildet einen Rundweg durch das Gebiet.
Jährlich locken zahlreiche Feste Besucher in das historische Örtchen, allen voran ein historischer Handwerkermarkt. Vor den Toren der Ortschaft bieten die Sommerrodelbahn und der Mühlenpark mit Minigolf, Spielplätzen, Pumptrack (Fahrradparcours) und Bistro Freizeitspaß vom Feinsten. Zudem lohnt es sich, die umliegenden Dörfer mit offenen Augen zu bestaunen, denn auch hier werden reichlich malerische Gebäudeensembles geboten.

Gastronomie

Historische Gaststätte Im Krug, Kölner Straße 37, 53894 Mechernich-Kommern (www.facebook.com/WohnzimmervonKommern)

In der Nähe

Bergbaumuseum Mechernich

5 Prozent der weltweiten Bleierzvorkommen liegen immer noch im Mechernicher Raum unter der Erde, in Schichten, die bis zu 30 m dick sind. Das Bergbaumuseum der Grube Günnersdorf dokumentiert eindrucksvoll anhand von Ausstellungsstücken, Bildern, Plänen, Modellen, Schriftstücken und vor allem im Rahmen von Führungen (zu Fuß) durch ein unterirdisches Gänge- und Stollensystem bis in eine Tiefe von 40 m die Geschichte des Mechernicher Bergbaus, seine Besonderheiten und vergangene Alltäglichkeiten.
www.bergbaumuseum-mechernich.de

Burg Satzvey

Die mittelalterliche Wasserburg stammt ursprünglich aus dem 12. Jahrhundert und gilt als eine der schönsten Wasserburgen des Rheinlands. Sie ist von außen öffentlich zugänglich und dient als Veranstaltungsort für den traditionellen Weihnachtsmarkt, historische Themenfeste, Konzerte, Hochzeiten und vieles mehr.
www.burgsatzvey.de

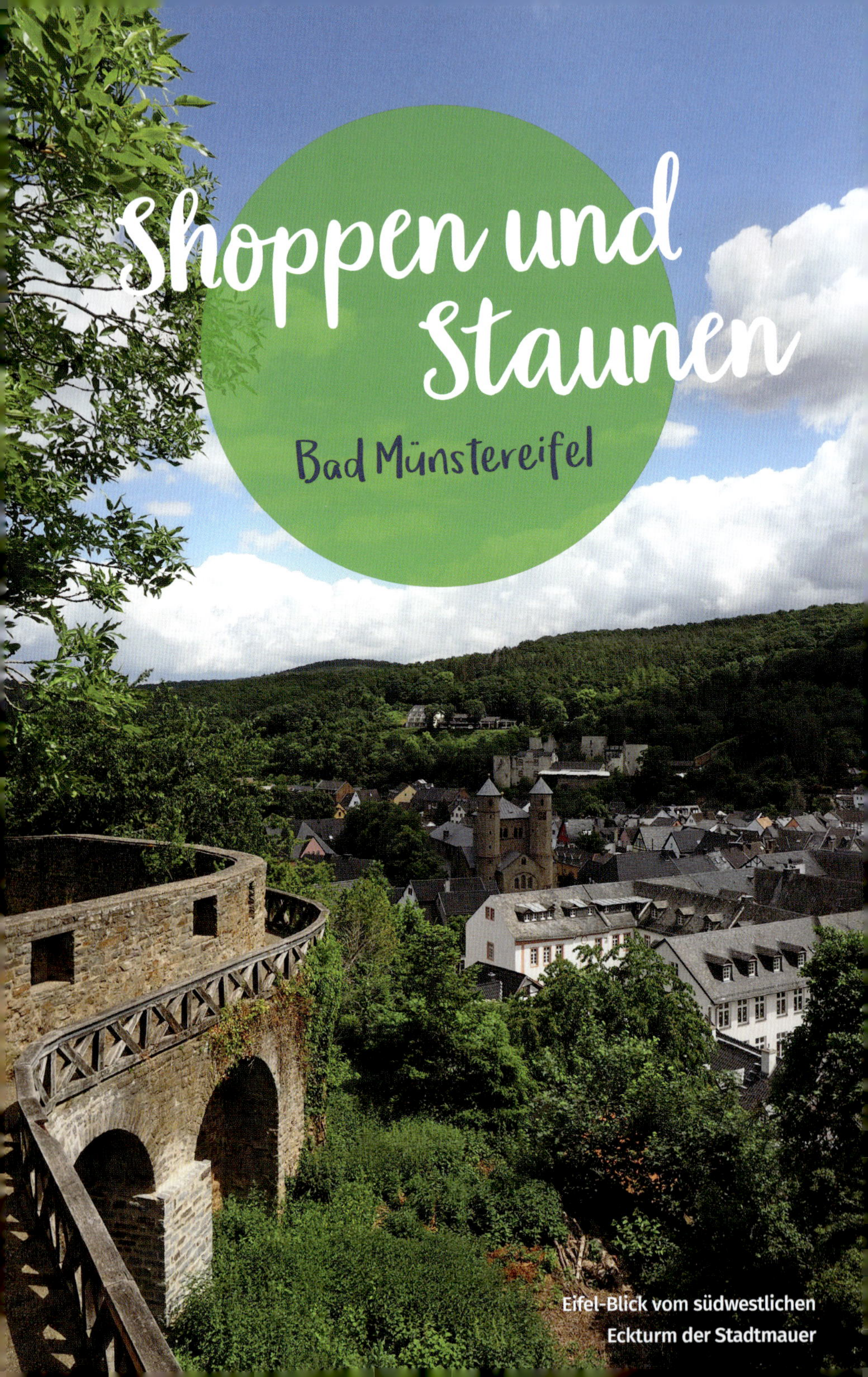

Eifel-Blick vom südwestlichen Eckturm der Stadtmauer

Schöner kann man nicht kaufen! Die malerischen Häuser der historischen Altstadt Bad Münstereifels dienen seit 2014 als Outlet-Center mit Herz und Flair. Ein Besuch vor Ort ist ein Genuss für Augen und Seele – für den Geldbeutel nur insofern, als es hier günstiger ist als anderswo.

Über 50 Marken bieten hier ihre Mode- und Lifestyle-Produkte zu reduzierten Preisen an, begleitet von der passenden Gastronomie und einer Fußgängerzone, die sich über mehrere Straßen erstreckt, eingerahmt von der fast vollständig erhaltenen historischen Stadtmauer, ihren Türmen und einer Burg. Nähert man sich zum ersten Mal den Toren der Stadt und schlängelt sich in engen Windungen von den umliegenden Bergen ins Tal, so ist es genau das, was geradezu atemberaubend ins Auge fällt und die Neugier weckt: Stadttore und stellenweise begehbare Wehrmauern, die beeindruckende Blicke auf die historische Innenstadt und die umliegenden Berge öffnen.

Anreise Pkw/Parkplatz:
Parkplatz Goldenes Tal, Sittardweg 15, 53902 Bad Münstereifel
(GPS 50°32‘53.16“N, 6°45‘48.47“E)

Anreise mit ÖPNV:
Buslinie 772, Haltestelle „Orchheimer Tor“

www.bad-muenstereifel.de

Flut und Wiederaufbau

Den meisten Menschen ist Bad Münstereifel ein Begriff: Allgemein präsent sind Bilder einer blumenumrankten Fachwerkidylle und romantischer Erftbrücken, die zahlreiche Buchtitel und Prospekte schmücken, allgemein bekannt die Gesundheitsaspekte des staatlich anerkannten Kneipp-Heilbades und seiner Kurklinik – doch ebenso gegenwärtig auch die Bilder einer Flut, die 2021 diese Schönheit verwüstete, Leben nahm und Verzweiflung und Chaos hinterließ. Stein für Stein, Fassade für Fassade kehren mittlerweile Schritt für Schritt das Leben und die Normalität wieder zurück, die Geschäfte öffnen wieder, Häuser, Straßen, Kirchen und Museen werden restauriert und die Innenstadt füllt sich erneut mit quirliger Geschäftigkeit.

Historische Architektur

Eine Flutkatastrophe ist nichts Neues für die Stadt: 1416 wurde das Werther Tor aus diesem Anlass unterspült und der aktuelle Bau als jüngstes der vorhandenen vier Stadttore in die Stadtmauer integriert, flankiert von zwei „Jülicher Schalen“ genannten Nebentürmen und benannt nach einer längst nicht mehr existierenden fränkischen Ansiedelung aus dem 12. Jahrhundert am Eingang des Schleidtales. Bereits während der Steinzeit lebten Menschen in die-

Erft am Heisterbacher Tor

Info

Das Windeckhaus und seine Sage

Um die bunt verzierten Schnitzereien des Hauses rankt sich eine herzzerreißende Legende: Die Tochter eines Zimmermeisters und sein Geselle liebten sich, doch der Vater verbot die Heirat und wollte den jungen Mann fortschicken. Zwei Ratsherren jedoch gaben ihm den Auftrag, die Front ihres Hauses zu gestalten, sodass er in der Stadt bleiben und das Mädchen heimlich heiraten konnte. Vor vollendete Tatsachen gestellt und mit einem Enkel gesegnet, lenkte der Vater schließlich ein.

Im Hauptfries des Windeckhauses finden sich die handelnden Figuren: der Geselle, die Frau, die sich abwendenden Verwandten, die verschwiegenen Kapläne, die sie trauten, symbolisiert durch ein Schloss im Mund, und ganz außen die Ratsherren – dazwischen ein Mondgesicht, das dem sich rechts darunter befindenden Vater die Zunge herausstreckt.

Orchheimer Straße 23, 53902 Bad Münstereifel (www.sophie-lange.de/sagen-aus-bad-muenstereifel-und-umgebung/das-windeckhaus)

ser Gegend. Nachdem 830 das Kloster „Novum Monasterium" gegründet wurde, wurde es zum Ziel etlicher Wallfahrer. In seinem Umfeld entstand eine Siedlung, die vom Markt-, Münz- und Zollrecht des Klosters profitierte, das ab dem 12. Jahrhundert „Monasterium in Eiflia" genannt wurde – Münstereifel. Relikte dieser frühen Stadt sind das Romanische Haus aus dem Jahr 1167 an der Langenhecke, das an die noch ältere, immer noch vorhandene Immunitätsmauer des Klosters angebaut wurde, und die Stiftskirche, deren Westwerk mit den drei Türmen und dem Rundbogenportal bereits 1054 errichtet wurde. Die Krypta enthält Reliquien der Schutzpatrone der Ehe, des römischen Märtyrerehepaars St. Chrysanthus und Daria. Wie auf die Romanik die Gotik folgte, so ziert seit dem 15. Jahrhundert das

Museum

Römische Kalkbrennerei bei Iversheim

Bereits zur Römerzeit wurde hier bei Temperaturen von über 1.000 °C in einem durchdachten, effizienten, vorindustriellen Verfahren in vier Öfen Kalk gebrannt. Im Zuge der Frankeneinfälle um 270 n. Chr. wurden sie zerstört und anschließend um weitere zwei Öfen ergänzt wieder aufgebaut, bevor die Brennerei um 300 fluchtartig verlassen und aufgegeben wurde. 1966 stieß man bei Bauarbeiten zufällig auf die gut erhaltenen Überreste. Die Ausgrabung und ihre Dokumentation mit vielen ergänzenden Infos, Schautafeln und Modellen kann von Mai bis Oktober am Wochenende besichtigt werden.
Kalkarer Weg, 53902 Bad Münstereifel (www.bad-muenstereifel.de)

Weitere Museen:
Handwebmuseum Rupperath, Schulweg 1,
53902 Bad Münstereifel (www.handweb-museum.de)
Hürten Museum, Langenhecke 6, 53902 Bad Münstereifel
Schwanen-Apotheken-Museum, Wertherstraße 13–15,
53902 Bad Münstereifel
Puppen- und Spielzeugmuseum, Alte Gasse 28,
53902 Bad Münstereifel (www.museum-puppen-und-spielzeug.de)

Gotische Rathaus den Platz vor der Kirche, das ursprünglich als Gewandhaus eines örtlichen Tuchmachers diente und dessen Anbau aus dem 16. Jahrhundert einen eigenen Uhrenturm besaß – seinerzeit Zeichen der Unabhängigkeit von der gegenüberliegenden Stiftskirche. Ebenfalls reich verziert und geschmückt präsentiert sich das 1644–64 erbaute „Windeckhaus", das von einem Geschäftsmann erbaut und nach einem Hofrat benannt wurde. Es ist so bekannt, dass es sogar auf einer Briefmarke verewigt wurde. Schnitzereien und Malereien zieren das Fachwerk der schmucken Front an der Orchheimer Straße. Auch diese Straße und das gleichnamige, in der Höhe etwas gekürzte Stadttor erinnern an eine fränkische Siedlung, die in die Stadtbefestigung integriert wurde. Die Verteidigungsanlagen wurden ebenso wie die Burg um 1300 durch die Herren von Jülich erbaut. Das angrenzende Johannistor im Osten existiert wie das nördliche Werther Tor noch in voller Höhe, während das südliche Orchheimer und das westliche Heisterbacher Tor in der Höhe gekürzt wurden. Die Burg selbst erlitt nach einem Brand 1689 das übliche Schicksal und diente teilweise als Steinbruch für die Bauten der Stadt. An einen ihrer Bewohner, den 1335 verstorbenen Ritter Gottfried, erinnert sein Hochgrab in der Stiftskirche.
Schlendern und schlemmen, kaufen und schauen – nichts ist unmöglich in Bad Münstereifel. Und dem, der aufmerksam hinsieht und lauscht, erzählt die Stadt sicherlich noch die eine oder andere Geschichte ...

Tipp

Historienweg und Stadtführungen

Über 21 Stationen führt der Historienweg durch die Stadt und zeigt an markanten Punkten historische Ansichten aus der Zeit um 1900. Noch mehr Erlebnis bieten analoge, digitale und auch barrierefreie Stadtführungen zur Geschichte der Stadt, unter anderem das „Erlebnis Stadtmauer". Eine offene Stadtführung (ohne Anmeldung) beginnt jeden Samstag um 14.30 Uhr an der Stiftskirche.
www.bad-muenstereifel.de/tourismus-freizeit/stadtfuehrungen

Johannistor

In der Nähe

Astropeiler Stockert

1956 wurde das erste frei bewegliche Radioteleskop Deutschlands erbaut. Das Instrument der 25-m-Klasse ist nicht nur ein Stück Geschichte, das bei den offenen Sonntagsführungen von Mai bis Oktober besichtigt werden kann, sondern auch heute noch – inzwischen mit moderner Technik bestückt – für Funkamateure nutzbar. Sowohl bei der Anfahrt als auch von der Wartungsplattform öffnet sich ein weiter Blick über die Nordeifel und bis in die Kölner Bucht hinein. Gruppenführungen sind zusätzlich buchbar. Das Erdgeschoss ist barrierefrei zugänglich.

Astropeiler Stockert, 53902 Bad-Münstereifel-Eschweiler (www.astropeiler.de)

Gastronomie

En de Höll, Orchheimer Straße 50, 53902 Bad Münstereifel (www.en-de-hoell.eu)

Restaurant Erftblick, Entenmarkt 4, 53902 Bad Münstereifel (www.facebook.com/restauranterftblick)

Em Höttchen, Wertherstraße 21, 53902 Bad Münstereifel (www.em-hoettchen.de)

Can VaRA, Markt 4, 53902 Bad Münstereifel (www.canvara.de)

Bistrot Tapferes Schneiderlein, Orchheimer Straße 44, 53902 Bad Münstereifel (www.tapferes-schneiderlein.eu)

Quirlige Idylle

Monschau

1. Blick vom Burgweg auf das Rote Haus

Hoch über den Dächern der Fachwerkschönheit Monschau lockt nicht nur ein märchenhafter Ausblick, sondern auch die Aussicht auf etwas Ruhe und Frieden abseits des lebhaften Treibens, das von unten wie das Summen eines Bienenstocks nach oben dringt.

Von drei Seiten lässt sich das Panorama genießen, mit Bänken zum Entspannen und meist mit Blick auf die Burg. Bekannt und beliebt ist der „Halve Mond" unterhalb der abenteuerlich anmutenden Haller Ruine – Startpunkt des sonnigen Panoramawegs, an dem die Glocken der freilaufenden Ziegen für Alpenflair sorgen. Von allen Seiten wird Monschau durch die umliegenden Hügel begrenzt, und mitten hindurch rauscht die Rur. Brücken bieten die bekannten und beliebten Ansichten des rauschenden Wildbachs, eingerahmt von den verschiedensten Fachwerkbauten, im Idealfall mit Blick auf die Burgruine.

5

Anreise Pkw/Parkplatz:
Parkhaus Burgau, 52156 Monschau
(GPS 50°33'10.29"N, 6°14'16.16"E)

Anreise mit ÖPNV:
Buslinien 84, Netliner, Haltestelle „Burghotel"
Buslinien 66V, 82V, 84, 84V, 85V, 385, Netliner, Haltestelle „Burgau"

www.monschau.de

An prominenter Stelle leuchtet das bekannte „Rote Haus“ dem Betrachter entgegen. Nur wenige Meter weiter lockt der Markt mit abwechslungsreicher Gastronomie und zentralen Sitzgelegenheiten, umgeben von Fachwerkhäusern, der Rur und der Kirche St. Mariä Empfängnis. Als optischer Höhepunkt bahnt sich hier die Monschauer Stadtbahn, eine Stadtrundfahrten-Bimmelbahn, den Weg durch das bunte Treiben. In den engen Gassen und auf den belebten Plätzen säumen Restaurants und Geschäfte den Weg. Neben Monschauer Spezialitäten wie dem berühmten Senf aus der 1882 erbauten Senfmühle, Kaffee, Printen, „Möppchen“, „Dütchen“, „Vennbrocken“ und anderen ausgefallenen Spezialitäten werden Süßigkeiten, Mode und Accessoires angeboten. Am Oberen Mühlenberg gibt es sogar ein „Weihnachtshaus“.

Die Burg „Mons loci“ und ihre Ausläufer

Der Name „Monschau“ wird erst seit 1918 verwendet, als der frankophile Name „Montjoie“ eingedeutscht wurde. In der ältesten Urkunde aus dem Jahr 1198 ist von einer Burg namens „Mons loci“ („Berg

Burg Monschau

der Freude/des Spaßes") die Rede, im 13. Jahrhundert dann von Munioie und Monjoje. Herr dieser Burg war ein Kreuzfahrer und späterer Herzog von Limburg, der zuvor bereits Burganlagen am Standort der heutigen Haller Ruine und in Reichenstein errichtete. 1435 gelangte die Herrschaft Monschau in den Besitz des Herzogtums Jülich, nach dem Rückzug der Franzosen 1816 wurde die Gegend preußisch. Die Burg selbst wuchs bis ins 17. Jahrhundert hinein zu einer großen Anlage heran, mit Vorburg und einer Kapelle aus dem Jahr 1369. Sie dient heute als Jugendherberge, Altenheim und Freilichtbühne und ist von außen und im Innenhof frei zugänglich,

Tipp

Weihnachtsmarkt

An allen vier Adventswochenenden lädt Monschau von freitags bis sonntags zum Weihnachtsmarkt. Stände mit teils ausgefallenem und einzigartigem Kunsthandwerk, Spezialitäten, vielfältige gastronomische Angebote und die stimmungsvolle Beleuchtung in der Altstadt locken Schaulustige und Käufer von nah und fern.

mit mehreren Aussichtspunkten und -türmen. Die gegenüberliegende Haller Ruine diente in alten Zeiten vermutlich als Beobachtungsposten über dem Rurtal und gehörte entweder zur Burg oder zum Kloster Reichenstein. Ihre Steine dienten nach der Zerstörung im 16. Jahrhundert dem Wiederaufbau der Burg.

Stadt der Tuchmacher

Im Rurtal entstand eine Stadt mit Befestigungsmauern und drei Toren. Während sie im Geldernschen Krieg 1543 größerer Zerstörung ausgesetzt war, blieb sie vom Dreißigjährigen Krieg und vom Zweiten Weltkrieg weitgehend verschont. Bereits im 17. Jahrhundert ließen sich protestantische Flüchtlinge hier nieder, die gemeinsam mit einheimischen Familien eine florierende Woll- und Feintuchproduktion aufbauten. Nach einem Rückgang im 19. Jahrhundert endete das Zeitalter der Textilproduktion schließlich im Jahr 1960. Dafür entdeckte der Fremdenverkehr die Schönheit der Stadt und den Reiz ihrer Lage, sodass sich Besuchern beim Flanieren durch die malerische Altstadt heute die vielfältigsten Möglichkeiten bieten.

Tipp

Monschauer Stadtbahn

Die hübsche Bimmelbahn befährt die Altstadt bis hinauf zur Burg. Dabei gibt es reichlich Informationen über die Sehenswürdigkeiten und die Geschichte Monschaus in vier Sprachen.

Monschauer Stadtbahn, Laufenstraße 67, 52156 Monschau (www.stadtbahn-monschau.de)

Museum

Das Rote Haus

Das Patrizierhaus wurde 1760 als repräsentativer Wohnsitz eines Tuchmachers und Kaufmanns errichtet und diente lange Zeit zudem dem Geschäft mit Wolle und Tuch. Heute wird es als Museum genutzt. 13 prunkvolle Wohnräume und eine freitragende, reich verzierte Eichentreppe laden zu einer Zeitreise in das Bürgertum des 18. Jahrhunderts ein. Themenräume geben einen Einblick in die vorindustrielle Fertigung von Tuch und Wollstoffen.
Stiftung Scheibler-Museum
Rotes Haus Monschau,
Laufenstraße 10, 52156 Monschau
(www.rotes-haus-monschau.de)

Weitere Museen:
Historische Senfmühle, Laufenstraße 116–124, 52156 Monschau
(www.senfmuehle.de)
Erlebnismuseum Lernort Natur/Glashütte Monschau, ,
Burgau 15, 52156 Monschau
(www.erlebnismuseum-lernort-natur.de, www.glashuettemonschau.de)
Fotografie-Forum der StädteRegion Aachen, Austraße 9,
52156 Monschau (www.kuk-monschau.de)
Caffee-Rösterei Wilhelm Maassen, Stadtstraße 24,
52156 Monschau (www.caffeeroesterei.de)
Druckerei Museum Weiss, Am Handwerkerzentrum 16,
52156 Monschau-Imgenbroich (www.druckereimuseum-weiss.de)
Webereimuseum Höfen, Hauptstraße 123,
52156 Monschau-Höfen (www.webereimuseum-hoefen.de)

Gastronomie

Hirsch-Café Oebel, Markt 3, 52156 Monschau
Zimmermanns Café & Bistro, Markt 1, 52156 Monschau (www.facebook.com/cafezimmermanns)
Café Kaulard, Markt 8, 52156 Monschau (www.cafekaulard.de)
Konditorei & Café Am Roten Haus, Laufenstraße 11, 52156 Monschau (www.cafe-am-roten-haus.de)
Gaststätte Zum Haller, Eschbachstraße 4, 52156 Monschau (www.zum-haller.de)
Hotel Horchem mit Braukeller und Restaurant „Louis“, Rurstraße 14, 52156 Monschau (www.horchem.com)

In der Nähe

Höfen

Der Monschauer Stadtteil Höfen weiß ebenfalls mit zahllosen, teils sehr alten Fachwerkhäusern, Hofstellen und Buchenhecken sowie ausgedehnten Waldgebieten zu reizen. Das dort beheimatete Nationalpark-Tor bietet neben einer interessanten Ausstellung mit seinem Wanderparkplatz einen idealen Ausgangspunkt für Wanderungen in das Naturschutzgebiet Perlenbach- und Fuhrtsbachtal: Im Frühjahr locken hier die Narzissenwiesen mit einer überwältigenden Blütenpracht.
www.nationalparktor.de

Tipp

Aufstieg durch den Stadtpark

Am südwestlichen Ortseingang Monschaus führt eine kleine Brücke über die Rur. Hier lockt zunächst ein idyllischer Kinderspielplatz, bevor der Weg an der Antoniuskapelle vorbei durch den lichten Wald über etliche Stufen und drei Brücken, die die Kaskaden eines Gebirgsbachs überspannen, hinauf zum Eifel-Blick Kierberg führt. Auf einer Aussichtsplattform am Weg befinden sich zudem weitere Spielmöglichkeiten. Eine Freude für Augen, Seele und die ganze Familie!

Vergangenheit in allen Farben

Rund um Schleiden

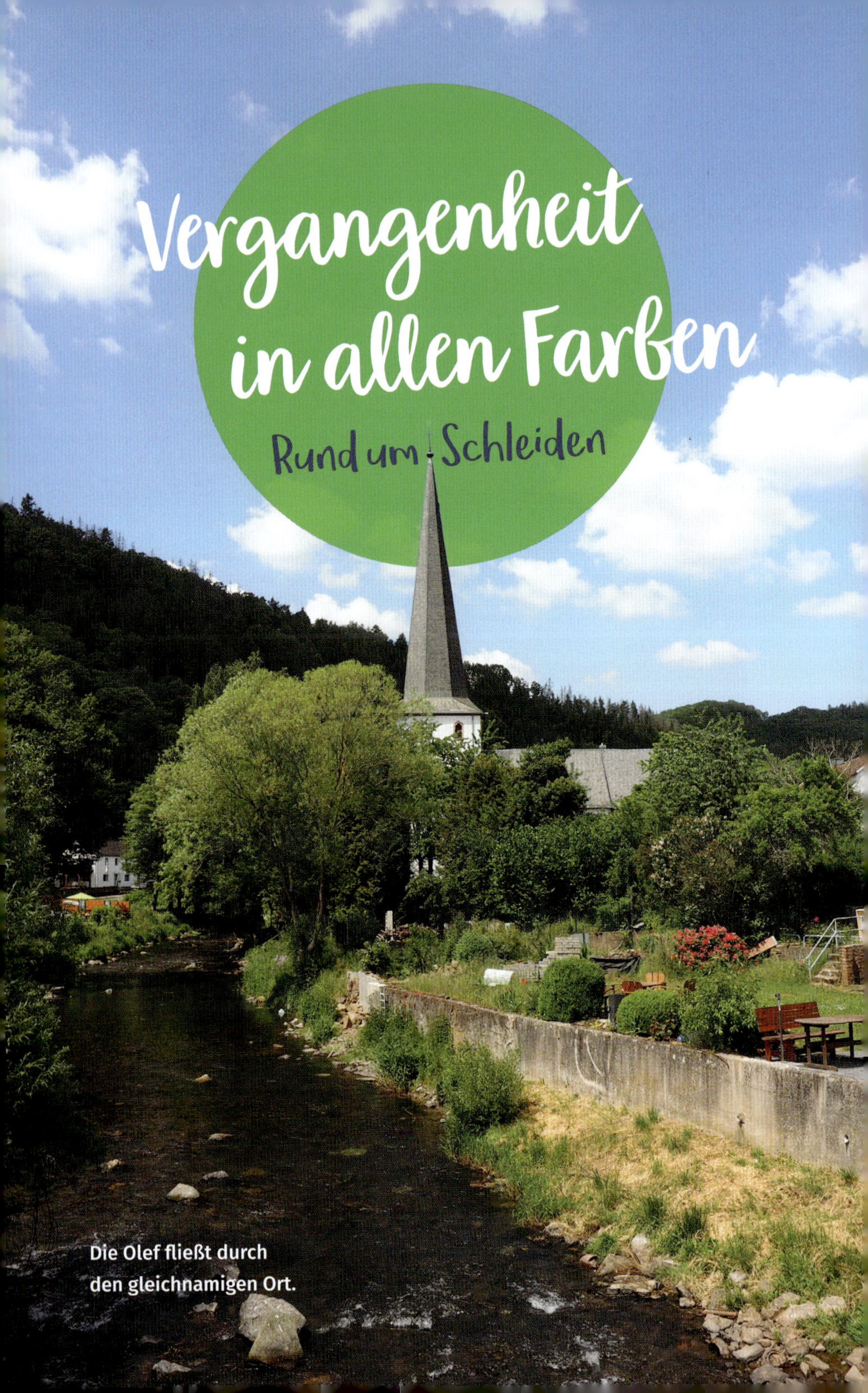

Die Olef fließt durch den gleichnamigen Ort.

Interessiert man sich für historische Orte in der Eifel, so erhält man schnell Kenntnis von Schleiden-Olef, dem 1.100-Seelen-Dorf mit dem idyllischen Dorfkern, in dem sich ein Fachwerkhaus an das andere reiht.

Der Ort wurde 1252 erstmals erwähnt, und seine Pfarrei gilt als eine der ältesten der Eifel. Die Pfarrkirche St. Johann Baptist stammt aus dem 13. Jahrhundert. Der Dorfkern mutet trotz des Durchgangsverkehrs idyllisch an und bietet mit dem „Verrückten Stuhl" neben der ihn umgebenden historischen Schönheit ein ausgefallenes Fotomotiv. Jedes der malerischen Häuser hat eine Geschichte zu erzählen – so auch das mit dem roten Fachwerk, bei dem die Inschrift über der Haustür stolz verkündet, dass es 1697 erbaut wurde – unmittelbar nach dem großen Brand, der das Örtchen heimsuchte.

6

Anreise Pkw/Parkplatz:
Parkplatz am Bahnhof, Oleftal, 53937 Schleiden-Olef
(GPS 50°32'43.30"N, 6°29'13.24"E)

Anreise mit ÖPNV:
Buslinie 766, Haltestelle „Schleiden-Olef Bf"

www.nordeifel-tourismus.de
www.nationalpark-eifel.de

Das rote Fachwerk ist hier etwas Einzigartiges: Die Eichenbalken waren niemals so schwarz gefärbt wie die der benachbarten Häuser, deren Räume auch deutlich niedriger sind. Es wird vermutet, dass es sich um ein Herrenhaus handelte, denn nur dort wurden rote Balken und solche Deckenhöhen verwendet.

14. Juli 2021 – ein schwarzer Tag

Die ursprünglich 1884 zur Belieferung der Schleidener Eisenhütten in Betrieb genommene und inzwischen bei Ausflüglern sehr beliebte Oleftalbahn hielt hier mitten im Dorf – bis die Flutkatastrophe am 14. Juli 2021 dem ein vorläufiges Ende bereitete. Es ist noch unklar, wann die stark beschädigte Trasse wieder instand gesetzt ist. Bei einigen der Häuser im Ortskern stand das Wasser „nur" auf den Stufen vor dem Eingang, bei anderen war das ganze Erdgeschoss überflutet. Der Strom fiel aus. Bäume, Autos, Gegenstände wurden einfach fortgespült. Die Olef hatte Hochwasser, aber ebenso strömte das Wasser aus den langanhaltenden Wolkenbrüchen einfach die Berge hinab durch ins Tal und nahm alles mit, was ihm in die Quere kam. Gullideckel schwammen davon und verwandelten das Waten im hüfthohen Wasser zusätzlich zur Strömung in ein unkalkulierbares Risiko. Menschen kamen ums Leben, und einige Häuser des Dorfes sind immer noch unbewohnbar. Noch

Dorfplatz Olef

Fachwerkzeile am Dorfplatz

schlimmer getroffen wurden andere Ortsteile, beispielsweise Oberhausen mit seinem Denkmalbereich zur Eisenverhüttung in der Eifel und den zahlreichen Fachwerkhäusern und vor allem Gemünd, das völlig verwüstet wurde, da dort die Olef in die Urft mündet und gleich zwei Flüsse ihre Wassermassen vereinigten. Auch dies ist Geschichte – wenn auch die allerjüngste. Schwarze Kapitel gibt es noch reichlich in der Umgebung – als sei Schleiden ein Spiegel für alle Kapitel der deutschen und der Eifeler Historie!

NS-Ordensburg Vogelsang

Auf der Dreiborner Hochfläche, weit oberhalb der Stauseen von Rur und Urft, verfolgten die Nationalsozialisten einst ihre eigenen Pläne. In einer 1934 errichteten Ordensburg sollten Herrenmenschen herangezogen werden – sprich: junge Menschen im Sinne der nationalsozialistischen Ideologie zu Führungskräften erzogen und ausgebildet werden. Nach der Einnahme durch die Alliierten 1945 wurde das weiträumige Gelände mit seinen vielfältigen Gebäuden bis 2005 als Truppenübungsplatz genutzt. Von dieser Nutzung war auch eine nahegelegene Ortschaft betroffen: Als im August 1946 die Alliierten das Eifeldorf Wollseifen einnahmen und zum Sperrgebiet erklärten, blieb den Bewohnern noch Zeit, ihre Sachen zu packen und die Getreideernte einzubringen. Drei Wochen später, am 1. September 1946, begann die militärische Nutzung als Truppenübungsplatz für Häuserkampf, zunächst durch die Briten, ab 1950 durch die Belgier. Die vorhandenen Gebäude wurden weitgehend zerstört. „Camp Vogelsang" wurde auf eindrucksvolle Weise ein Nebenschauplatz des Kalten Krieges. Erst seit 2006 ist das ehemalige Eifeldorf wieder öffentlich zugänglich. Heute erinnert eine barrierefreie Ausstellung mit zahlreichen Bilddokumenten in der alten Schule an die ungewöhnliche Geschichte des Ortes. Vom ehemaligen Eifeldorf sind zudem noch die St.-Rochus-Kirche, die Wegekapelle und ein altes Trafohäuschen erhalten. Gleich nebenan erinnern die zu Übungszwecken errichteten Rohbauten als steinerne Zeugen an die bewegte jüngere Vergangenheit.

Gastronomie

Restaurant Schloss Schleiden, Vorburg 9, 53937 Schleiden (www.restaurant-schloss-schleiden.de)

Museum

Das weiträumige Gelände der ehemaligen NS-Ordensburg Vogelsang lässt Besucher die räumliche und inhaltliche Dimension der nationalsozialistischen Pläne hautnah erfahren und bietet zudem Beschäftigungs- und Informationsmöglichkeiten für vielfältige Interessen: Neben der Ausstellung „Bestimmung: Herrenmensch" hat das Nationalparkzentrum mit seiner Präsentation „Wildnis(t)räume" hier Platz gefunden. Zudem gibt es Bildungsangebote für Seminargruppen und Übernachtungsmöglichkeiten im Gästehaus K13, Ferienwohnungen und einen Wohnmobilpark.

Vogelsang IP, Vogelsang 70, 53937 Schleiden (www.vogelsang-ip.de)

Ordensburg Vogelsang

Bergfried mit Eifel-Blick

Hellenthal-Reifferscheid

Die historische Festung liegt auf einem Bergsporn.

Strahlend weiß, mit Fachwerk versetzt, lockt der historische Burgort Reifferscheid aus der Höhe und zieht den Betrachter in seinen Bann. Auch die Siedlung im Tal geizt nicht mit historischen Bauten, doch das auf dem Bergsporn gelegene Burgdorf rund um die Ruine mit dem strahlend weißen Bergfried besitzt eine geradezu magische Anziehungskraft.

Mit dem ersten Schritt über den Graben und durch das Matthiastor schließt sich das historische Ensemble wie eine Pforte in längst vergangene Zeiten um den Eindringling und spuckt ihn erst wieder aus, wenn er alles in Ruhe erkundet hat. Alte Bruchstein-, Putz- und Fachwerkbauten, Kopfsteinpflaster und schmale Gassen bestimmen das Bild. Strahlend weiß leuchten die Pfarrkirche St. Matthias, die Vorburg und der Bergfried und geben Schritt für Schritt ihre Geschichte preis. Der stolze Bergfried bietet zudem als „Eifel-Blick" eine atemberaubende Aussicht weit über das Land und hinab auf die ihm zu Füßen liegende Siedlung.

7

Anreise Pkw/Parkplatz:
Parkplatz an der Burg Reifferscheid, Burgstraße 18, 53940 Hellenthal (GPS 50°28'39.97"N, 6°27'57.32"E, Anreise über Hönningen empfohlen)

Anreise mit ÖPNV:
Buslinien 763, 837,
Haltestelle „Hellenthal Reifferscheid Grundschule"

www.reifferscheid-eifel.de
www.hellenthal.de

Ursprünge und Geschichte

Das Matthiastor stammt im Kern aus dem 14. Jahrhundert, die heute sichtbaren Teile der Burgruine teilweise bereits aus dem 12. und 13. Jahrhundert. Erstmals urkundlich erwähnt wurde Reifferscheid 1106, als es niederbrannte, zerstört von seinem eigenen Herrn Herzog Heinrich von Niederlothringen und Limburg, um eine Übernahme durch seine Feinde zu verhindern. Doch bereits für 1130 sind wieder eine Burg und die Erhebung der Kapelle zur Kirche belegt, und 1195 befand sich der Besitz in den Händen derer von Reifferscheid, die bis zur Enteignung 1794 durch die Franzosen dort Herren blieben. Es bildete sich eine Burgsiedlung mit Marktplatz, die im 14. und 15. Jahrhundert befestigt und bis zum 16. Jahrhundert weiter verstärkt wurde. Eine dreimonatige Belagerung 1385 blieb erfolglos. Das mittlerweile prachtvolle Renaissanceschloss (und mit ihm die ganze Ortschaft) fiel 1669 einem Brand zum Opfer und wurde kurz nach dem Wiederaufbau durch französische Truppen erneut zerstört. Nach der Versteigerung 1805 diente es – wie so viele ehemalige Adelssitze – als Steinbruch. Unter dem Altarraum der dreischiffigen spätgotischen Hallenkirche St. Matthias befinden sich Gräber der Grafenfamilie, die bis in das späte 15. Jahrhundert zurückreichen.
Doppelt mittelalterlich präsentiert sich das Dorf, dessen Schönheit vielfach ausgezeichnet wurde, bei der „Burgbelebung“ mit mittelalterlichem Handwerk am langen Himmelfahrtswochenende sowie beim alljährlichen beschaulich-malerischen Weihnachtsmarkt.

Tipp

Die Eifelspur „Auf den Spuren der Raubritter“ führt nicht nur an der Burg Reifferscheid, sondern auch an der 1,5 km entfernten Burgwüstung „Altenberg“ bei Wollenberg sowie an ehemaligen Bunkern vorbei zu zauberhaften Aussichtspunkten.
www.wanderwelt-nordeifel.de/eifelspuren/auf-den-spuren-der-raubritter

In der Nähe

Besucherbergwerk „Grube Wohlfahrt“

Neben einer Ausstellung im Grubenhaus werden zu festen Zeiten Führungen durch das ehemalige Bleierz-Bergwerk bei Rescheid angeboten. Auf einer Stollenlänge von 900 m werden den Besuchern die Geschichte des Bergwerks und reichlich Sachwissen vermittelt. Dabei sind auch Teile eines ersten Stollens aus dem 16. Jahrhundert sichtbar, die nur 90 cm hoch und 50 cm breit waren. Beeindruckend sind auch „Höhlenmalereien“ der Arbeiter. Warme Kleidung und festes Schuhwerk werden empfohlen. Steigungen werden über moderne Treppen überwunden, jedoch müssen Erwachsene auf einer Strecke von etwa 100 m gebückt laufen.

Aufbereitung II 1, 53940 Hellenthal-Rescheid (www.grubewohlfahrt.de)

Im äußeren Burgbering lebten früher die Ritter. Tor aus dem 15./16. Jh.

Auf den Spuren der Römer

Rund um Nettersheim

Römerkanal-Aufschluss
bei Dalbenden/Urft

Römische Spuren finden sich – ebenso wie die Überreste keltischer Besiedelung und Kultur – nahezu überall in der Eifel. Nördlich von Nettersheim sind die baulichen Relikte aus der Römerzeit jedoch in einer Dichte anzutreffen, die ihresgleichen sucht. Etliche Hinweisschilder und der gut beschilderte Römerkanal-Wanderweg, der über sieben Etappen als mehrtägige Tour über 116 km von Nettersheim bis Köln-Sülz führt, helfen uns, sie aufzuspüren, zu genießen und zu verstehen.

Knapp 2.000 Jahre ist es her, als die Römer in nur fünf Jahren Bauzeit die 95,4 km lange Leitung bauten, um Colonia Claudia Ara Agrippinensium (Köln) mit frischem Eifelwasser zu versorgen. Dabei erhielt der gewunden verlaufende Kanal durchgängig ein sanftes Gefälle, Täler und Flüsse wurden überquert und Gebirgszüge umgangen, durchtunnelt oder überwunden. 200 Jahre lang, von etwa 80/90 n. Chr. bis 270/280 n. Chr. wurden täglich 20 Millionen Liter Wasser nach Köln geleitet, in der Regel etwa 1 m unter der Erdoberfläche verborgen.

8

Anreise Pkw/Parkplatz:
Naturzentrum Nettersheim, Urftstraße 2, 53947 Nettersheim (GPS 50° 29'26.80"N, 6° 37'38.97"E)

Anreise mit ÖPNV:
DB, Buslinien 766, 768, 770, 820, 821, Haltestelle „Bahnhof Nettersheim"

www.nettersheim.de
www.roemerkanal.de

Matronentempel „Vor Hirschberg" bei Zingsheim

Wie auf einer Zeitreise bestaunen wir heute die Überreste dieser antiken Ingenieurskunst! Sie beginnen am „Grünen Pütz" nördlich von Nettersheim mit einer 80 m langen Sickerleitung und einer Brunnenstube als Quellfassung. Weitere Quellfassungen, wie der Klausbrunnen bei Mechernich-Kallmuth und die Quellgebiete bei Urfey und Weyer, lieferten zusätzliches Wasser, das über ergänzende Leitungen zugeführt wurde. Spektakuläre Höhepunkte der Strecke sind die kleine Aquäduktbrücke bei Mechernich-Vollem sowie die besonders fotogenen Aufschlüsse bei Kall-Dalbenden nördlich von Urft, bei denen unterhalb der Leitung zusätzlich ein Durchlass für Regenwasser sichtbar wird, dies alles malerisch begleitet vom eindrucksvollen Wurzelwerk der umstehenden Bäume. Viele dieser Relikte sind auch mit dem Auto oder über wenige Meter Fußweg gut zu erreichen.

Römische Heiligtümer

Nur 1,5 km vom Nettersheimer Ortskern entfernt und über den Archäologischen Landschaftspark leicht zu finden, ist das Matronenheiligtum Görresburg, das ab etwa 70 n. Chr. bis zum Ende des

4. Jahrhunderts der Verehrung der drei Aufanischen Matronen gewidmet war – römische Gottheiten der Fruchtbarkeit, die auf keltische Schutz- und Muttergottheiten zurückgehen. Auf dem weitläufigen Gelände befanden sich nach einer Erweiterung um 150 n. Chr. mehrere Tempel, Opferaltäre, Brandgruben und über 40 Weihesteine. Etwas weiter unterhalb befindet sich eine römische Siedlung, und die ehemalige Römerstraße wird deutlich sichtbar.
Wie auf einer Perlenkette aufgereiht findet sich nordöstlich von Nettersheim, bei Zingsheim, ein weiterer Matronentempel, der vermutlich ebenfalls zu einer größeren Anlage gehörte. Noch weiter nordöstlich, zwischen Pesch und Nöthen, schließt eine gallo-römische Tempelanlage an, im Volksmund auch „Heidentempel" genannt, die aus einem den Matronen gewidmeten Umgangstempel, einem Kulthof, einer Basilika, einem Brunnen und zwei heute nicht mehr sichtbaren Nebengebäuden bestand.
Weiter südlich, in Roderath, bietet sich über den Grundmauern einer römischen Hofanlage (Villa Rustica) ein weiter Blick über das Land.

Tipp

Eifel-Blick Stolzenburg

Der „Eifel-Blick Stolzenburg" ist einer der Höhepunkte des Römerkanal-Wanderwegs. Mit etwas Aufmerksamkeit lassen sich hier oben noch die baulichen Überreste einer Burg erspähen. Funde deuten darauf hin, dass sie im Mittelalter noch besiedelt war, zu ihrem Ursprung und ihren Herren gibt es verschiedene Annahmen. Sicher ist, dass sich etliche Sagen um die alte Burg ranken, die von freiheitsliebenden Rittern, Feen, ledernen Brücken und glutäugigen Hunden handeln.

Fachwerkidylle

Auch Nettersheim selbst zu erkunden macht Freude: Fachwerkhäuser, vor allem an der Blankenheimer Straße, die Pfarrkirche St. Martin aus dem Jahr 1785, das neobarocke Herz-Jesu-Kloster und der Nettersheimer Hof auf dem Areal der 1857 errichteten Heinrich-Sophia-Burg mit Restaurant und einem kleinen, privaten landwirtschaftlichen Museum erfreuen Herz und Auge. Im Nettersheimer Ortsteil Marmagen, dessen Name keltische Wurzeln hat und der zudem auf das römische „Marcomagus" zurückgeht, sind etliche weitere gut erhaltene Fachwerkhäuser und die Pfarrkirche St. Laurentius zu bestaunen. Da zudem die Familie des Eiffelturm-Erbauers Gustave Eiffel aus Marmagen stammt und sich auf den Höhen des Ortes ein Aussichtsturm und ein barrierefreier Landschaftspark befinden, gibt es reichlich zu entdecken und erleben – nicht zuletzt den Blick auf das 3 km entfernte Kloster Steinfeld.

Museum

Archäologischer Landschaftspark und Naturzentrum Eifel

Auf einem 4,5 km langen Rundweg, ausgehend vom Naturzentrum Eifel, wird an mehreren Stationen römisches Leben und Handwerk sichtbar. Höhepunkt sind das Matronenheiligtum Görresburg als eindrucksvolle Tempelanlage, die römische Siedlung Marcomagus, ein Kleinkastell an der Urft sowie die weithin sichtbare Agrippastraße als römische Fernstraße. Zudem lassen sich auf der Strecke Kalkbrennöfen aus dem 19. Jahrhundert bestaunen. Der Weg ist sowohl als Wanderweg als auch als Fahrradstrecke geeignet.

www.archaeologischer-landschaftspark.de

Weitere Museen:

Landwirtschaftliches Museum im Nettersheimer Hof (www.nettersheim.de/bildung-kultur/landwirtschaftlicher-museumshof-nettersheim)

In der Nähe

Kloster Steinfeld

Bereits aus der Ferne lockt das Kloster mit den prachtvollen Türmen seiner romanischen Basilika aus der Zeit um 1142–50 als Kraftort auf den Eifelhöhen. Seit mehr als 1.000 Jahren gilt es als Zentrum des Glaubens, die Klostergründung liegt 900 Jahre zurück. Heute lebt hier der Orden der Salvatorianer. Die Klosteranlage kann frei besichtigt werden, ebenso werden Führungen angeboten. Gästehaus, Klosterladen, Café und Restaurants beweisen, dass Einkehr und Genuss nicht immer Gegensätze sein müssen.
www.kloster-steinfeld.de

Kallmuth alias Hengasch

Für Fans der Kultserie „Mord mit Aussicht" ein absolutes Muss: ein Besuch der Ortschaft Kallmuth, in der weite Teile der ersten Staffel gedreht wurden. Die heute als Bürgerhaus genutzte ehemalige Schule diente dabei als Polizeistation. Neben dem „Fan-Faktor" hat der Mechernicher Ortsteil einiges Historisches zu bieten: Fachwerkhäuser, eine alte Burg und ein auf ca. 1475 datiertes Gnadenbild in der Wallfahrtskirche St. Georg aus dem Jahr 1888/89.

Gastronomie

Nettersheimer Hof, Bahnhofstraße 5, 53947 Nettersheim (www.nettersheimer-hof.de)

Fachwerkzauber an der Ahrquelle

Blankenheim

Die Ahrquelle

Der staatlich anerkannte Erholungsort Blankenheim wird häufig unterschätzt und ist gerade deshalb besonders reizvoll: Zwischen den unzähligen Fachwerkhäusern, historischen Stadttoren und der alles überragenden Burg verbergen sich reichlich sehenswerte Dinge, jahrhundertealte Traditionen und etliche spannende Geschichten.

Am bekanntesten ist sicherlich die Ahrquelle. In der Brunnenstube zwischen zwei Wohnhäusern fließen gleich mehrere Quellen aus den Wänden – insgesamt pro Sekunde 12 Liter, was mehr als vier gefüllten Badewannen pro Minute entspricht. So fließt die junge Ahr zunächst eingefasst mitten durch den Ort und führt bereits eine eindrucksvolle Menge an Wasser mit sich. Bedenkt man die zahllosen Zuflüsse auf ihrem 89 km langen Weg in den Rhein (auf dem sie übrigens stattliche 460 Höhenmeter überwindet) und das Niederschlagseinzugsgebiet von rund 900 km², so kann man sich zusammenreimen, wie der Starkregen zu der schrecklichen Flutkatastrophe im Sommer 2021 führen konnte. Blankenheim selbst blieb vom Schlimmsten verschont.

9

Anreise Pkw/Parkplatz:
Parkplatz an der B258 Kölner Straße, Ecke Klosterstraße, 53945 Blankenheim (GPS 50°26‘11.34“N, 6°39‘7.22“E)

Anreise mit ÖPNV:
Buslinien 760, 766, 832, 833, Haltestelle „Blankenheim Rathaus“

www.blankenheim.de

Es lohnt sich, sich zunächst mit Informationen einzudecken. So gibt es sowohl einen Flyer zur „Blankenheimer Lauschtour" (siehe Tipp) als auch „Eine historische Reise durch Blankenheim" – beide nehmen uns mit auf eine Zeitreise durch den geschichtsträchtigen Ortskern sowie hinauf zur Burg und geben Hinweise für noch mehr spannende Entdeckungen. Gleich vor dem Gebäude, in dem sich Touristeninformation und Eifelmuseum befinden, bietet sich am sogenannten „Grafenblick" eine beeindruckende Sicht auf Burg, Kirche und viele weitere historische Gebäude, allen voran das Gildehaus der Leineweber, in dem sich die dem Eifelmuseum angegliederte Ausstellung zur Römerstraße und Burggeschichte befindet. Gleich gegenüber wacht der heilige Nepomuk über die junge Ahr.

Jahrtausendealte Geschichte

Blankenheim wurde bereits 721 als „blancia" erstmals urkundlich erwähnt. Auch einige der umliegenden zur Gemeinde gehörenden Ortschaften sind ähnlich früh belegt. Zuvor hatten sich die Römer hier häuslich eingerichtet. Der luxuriöse römische Gutshof, die einzige bekannte repräsentative Axialvilla im Rheinland, belegt dies ebenso wie die Funde, die darauf hindeuten, dass sich vor der im 12. Jahrhundert errichteten Burg an gleicher Stelle ein römisches

Tipp

Lauschtour „Historisches Blankenheim"

Sehr kurzweilig wird auf einer Strecke von 1,3 km Länge an elf Stationen Wissenswertes und Unterhaltsames zu Blankenheims Bauten und zu seiner Geschichte vermittelt. Auch wer die App nicht nutzen möchte, kann anhand des Flyers und der Wegführung die wichtigsten Sehenswürdigkeiten Blankenheims erkunden.
www.blankenheim.de/de/freizeit/kultur/blankenheimer-lauschtour

Etliche Wanderwege führen
an der Ahrquelle vorbei.

Kastell befand. Graf Gerhard VIII. beseitigte einen Großteil der vorhandenen Gebäude und baute die Anlage im 15. Jahrhundert zu einem prachtvollen Schloss um, zu dem auch ein Park und ein Tiergarten gehörten. Nachdem sie Anfang des 19. Jahrhunderts verfallen und als Steinbruch genutzt worden war, ist die Burg inzwischen wieder hergestellt und dient als Jugendherberge. Nach wie vor lässt sich von hier oben ein grandioser Ausblick genießen. Sehr eindrucksvoll ist auch der trutzige Batterieturm aus dem 17. Jahrhundert, bei dessen Anblick Entdeckerherzen höherschlagen.

Bau des Tiergartentunnels

1468 blieb das Haus der Grafen von Blankenheim ohne männlichen Erben und löste – wie das in solchen Fällen üblich war – einen Erbfolgestreit aus. Letztlich vereinigten die Herren von Manderscheid ihre Grafschaft mit Blankenheim und Gerolstein, und dem nachfolgenden Diedrich III. fehlte nur eines zum Glück: dass seine Angetraute zu ihm auf Burg Blankenheim zog. Angesichts des dort genutzten Regenwassers rümpfte sie vermutlich nur die Nase, und so ließ der Graf den 1,5 km langen Tiergartentunnel erbauen, dessen Relikte heute noch nördlich des Burggeländes im Wald zu finden sind. Derartige Bauten waren äußerst selten: Zwischen der Römerzeit und dem 19. Jahrhundert wurden nördlich der Alpen lediglich zwei Tun-

Tipp

Eifel-Schleifen

Die Eifel-Schleifen „Ursprünge Blankenheims“ und „Auf den Spuren der Römer“ führen beide über das Gelände der Römervilla, erschließen aber davon abgesehen ganz verschiedene Bereiche der Ortschaft und ihrer Geschichte. Dabei kann unter anderem der ehemalige Bahndamm der 1913 eröffneten Strecke Ahrdorf – Blankenheim (Wald) erkundet werden, von dem sich eine gute Sicht auf die Römervilla bietet.
www.wanderwelt-nordeifel.de/eifelschleifen

Info

Römervilla

Die auf das Ende des 1. Jahrhunderts n. Chr. datierte römische Villa Rustica ist eines der bedeutendsten römischen Bodendenkmäler des Rheinlands. Auf einem Gelände von 250 x 120 m fanden ein luxuriöses Hauptgebäude sowie ein Wirtschaftshof Platz, umgeben von Stallungen, Scheunen, Remisen, Gesindeunterkünften – es wird vermutet, dass der damalige Wohlstand auf Einkünfte aus nahegelegenen Steinbrüchen und den Abbau von Erz zurückzuführen ist. Der imposante 70 m lange Säulengang des Hauptgebäudes wurde aus Edelstahl rekonstruiert. Die dahinterliegenden Grundmauern sind durch wechselndes Gestein markiert und einige Ausgrabungen unter Panzerglas sichtbar. Vom ehemaligen Heiligtum geht der Blick weit über das Land. Die Römervilla ist durch Rampen und Wege barrierefrei zugänglich.
www.roemervillablankenheim.de

Eines der ältesten Häuser Blankenheims (1595)

nel dieser Art fertiggestellt! In den heute noch sichtbaren Tunnelgewölben, die durch den Berg führen und dabei sogar ein 12 m tiefes Tal überwinden müssen, wurden vollkommen durch Deichelringe abgedichtete Druckleitungen aus ausgehöhlten Baumstämmen aufgebockt. Ein Wasserhäuschen am Rande der Gartenanlagen diente als Sammelbehälter. Etwas oberhalb sind in einem Glaspavillon noch einige Funde und Leitungsreste ausgestellt. Und woher stammt der Name „Tiergartentunnel"? Zu jener Zeit wurde im Park Wild gehalten, denn die Grafen waren passionierte Jäger. Die Leitung endete also am Tiergarten.

Tiergartentunnel-Infostation am Rastplatz „Blick zur Römervilla"

Museum

Eifelmuseum Blankenheim

Im Gebäude der Touristeninformation sowie im gegenüberliegenden Gildehaus befinden sich heimatlich orientierte Ausstellungen. Das Themenspektrum reicht von einer Sammlung der Bilder des Eifelmalers Fritz von Wille über Wechselausstellungen und Informationen zur VIA Agrippa Römerstraße bis hin zur 900-jährigen Blankenheimer Dynastiegeschichte.

Ahrstraße 55–57, 53945 Blankenheim

Weiteres Museum:

Karnevalsmuseum im Georgstor (nur auf Nachfrage geöffnet)

Tipp

Geisterzug

Ein äußerst lebendiges Zeitreise-Erlebnis für alle Sinne ist der Geisterzug am Abend des Karnevalssamstags – die lebensfreudige und zugleich gruselige Tradition geht auf das Jahr 1613 zurück und zieht jährlich tausende Besucher von nah und fern in ihren Bann. Bei „Juh Jah" wird der Winter vertrieben! Begleitet vom traditionellen Blankenheimer Karnevalsmarsch zieht der Umzug in der Dunkelheit mit Hüpfen und Schreien, Pechfackeln und gespenstischen Laken durch die Ahrstraße und das Georgstor bis zum Kreisverkehr und wieder zurück durch das Georgstor, den Hirtenturm und den ganzen Ort. Eine besondere Rolle spielen die „Jecke Böhnchen" (Vorspringer), der Teufel, die Hexen und der Obergeist auf seinem Pferd. Selbstverständlich wird anschließend weiter gefeiert!

Kirche und Befestigungsringe

Als Diedrichs Sohn Johann I. um 1500 die katholische Pfarrkirche St. Mariä Himmelfahrt erbauen ließ, wirkte sie völlig überdimensioniert, denn die Ortschaft besaß nur 12 Häuser. Die Familie ließ dort jedoch nicht nur eine Grafenloge mit direktem Zugang von außen ins Obergeschoss einrichten, sondern brachte etliche Kostbarkeiten wie die heute noch vorhandenen Altäre aus der Zeit um 1440 und fast 200 Reliquien (darunter Knochen des heiligen Christopherus und des heiligen Georg) mit und hatte auch mögliche Wallfahrer fest im Blick. Den Klappsitzen im Chorgestühl, die beim Hochschnellen ein recht lautes, unschönes Geräusch verursachen, wird nachgesagt, die Redewendung „Halt die Klappe" initial verursacht zu haben.

Burg Blankenheim dient heute als Jugendherberge.

Auch eines der ältesten Häuser Blankenheims am Zuckerberg lässt an eine Redewendung denken. Die Fachwerkbalken des Hauses aus dem Jahr 1595 haben im Laufe der Jahrhunderte, vermutlich aufgrund der Nähe zum Wasser der Ahr, eine abenteuerliche Biegung erhalten. Ein früherer Besitzer vermutete jedoch, dort sei einfach zu viel gelogen worden …

Das gegenüberliegende schmalste Haus der Ortschaft (und möglicherweise auch der Eifel) mit einer Breite von lediglich 2,01 m wurde erst in den 1970er Jahren als Erweiterung eines Schuppens an das Nachbarhaus angebaut, ist aber ebenfalls ein echter Hingucker!

Bereits um 1404 wurde ein Befestigungsring errichtet. Der Hirtenturm ist ein eindrucksvolles Zeugnis dieser heute innen liegenden Stadtbefestigung, an der selbstverständlich auch Zoll kassiert wurde. Der teilweise noch erhaltene Wehrgang stammt aus dem 16. Jahrhundert und ist über eine Treppe zugänglich, sodass es problemlos möglich ist, die aus dieser Zeit stammenden ehrfurchtgebietenden

Balken des Geländers und die Eichenbohlen des Bodens zu bestaunen. Lediglich das Dach ist neueren Datums. Das 120 m nordwestlich liegende zweigeschossige Georgstor an der Ahrstraße, in dem sich auch das Karnevalsmuseum befindet, ist dagegen ein Relikt der barocken Stadterweiterung um 1672 und somit des äußeren Befestigungsrings. Spätestens, wenn der traditionelle Geisterzug am Abend des Karnevalssamstag im flackernden Lichtschein der Fackeln und mit in Laken gehüllten Gestalten das Tor passiert, ist das Zeitreisegefühl perfekt. Ein Erlebnis für alle Sinne, wie man es nicht mehr häufig findet!

In der Nähe

Alter Bahnhof in Üxheim-Ahütte

Große Freude nicht nur für Eisenbahn-Nostalgiker! Genau 50 Jahre nach seiner Stilllegung wurde der alte Bahnhof in Üxheim-Ahütte „wiederbelebt": Nach der gelungenen Restaurierung finden hier kulturelle Veranstaltungen wie Lesungen, Theateraufführungen und Nostalgieerlebnisse einen passenden Rahmen. Führungen und eine Nutzung als Film- und Fotolocation sind nach Vereinbarung jederzeit möglich. Ein Museum, der Verkauf echter historischer Fahrkarten (die kleinen aus Pappe mit verschiedenfarbigen Streifen), zeitgenössisches Bahnhofsmobiliar, Utensilien, Plakate und Kursbücher, stilechte Übernachtungen in der Bahnhofspension und eine freitags bis sonntags geöffnete Gastronomie in den historischen Räumlichkeiten runden das Zeitreise-Erlebnis ab.

www.bahnhofsleben.de

Gastronomie

Bistro Landlust, Klosterstraße 3, 53945 Blankenheim (www.landlust-blankenheim.de)

Marienkapelle

Wer die Stille liebt, wird möglicherweise Adenau nicht zu seinen bevorzugten Orten zählen. Für alle anderen gilt: Das Städtchen weiß mit einer elektrisierenden Mischung aus architektonischer Schönheit, interessanter Historie, viel Herz, quirliger Betriebsamkeit und rasantem Motorsport zu überzeugen. Zu behaupten, dass in einer Stadt mit etwa 3.000 Einwohnern das Leben pulsiert, klingt verblüffend – aber es ist so. Fahren Sie hin und schauen Sie nach!

Die Geschichte von Adenau ist lang und vielseitig: Bereits vor über 1.000 Jahren, im Jahr 992 n. Chr., ist in einer Urkunde von „Adenova“ die Rede, und die Komturei auf dem Anwesen des Grafen Ulrich von Are wurde 1162 als erste linksrheinische Niederlassung und als dritter Standort der Johanniter überhaupt gegründet. Ein Schöffengericht und die vor 1600 erteilten Marktprivilegien sorgten für Wachstum und Gedeihen des Ortes. Jahr- und Wochenmärkte führten zur Ansiedelung von Handwerk und Handel und zur Gründung etlicher Zünfte: unter anderem die Gerberzunft, die Wollweberzunft und die Hammerzunft der Schmiede, Schlosser, Zimmerleute und Schreiner.

10

Anreise Pkw/Parkplatz:

Parkplatz Ecke Kirchstraße/Dr.-Creutz-Platz, 53518 Adenau
(GPS 50°22‘56.67“N, 6°55‘52.52“E)

Anreise mit ÖPNV:

Buslinien 4359, 6003, 6044, Haltestelle „Adenau, Markt“

www.stadt-adenau.de
www.hocheifel-nuerburgring.de

Hotel & Restaurant „Blaue Ecke"

Faszinierende Architektur

Adenau präsentiert seine Geschichte mit Stolz und unübersehbar. Selbst dem Durchreisenden drängt sich die Schönheit des historischen Marktplatzes mit einer Wucht auf, die geradezu zum Wiederkommen und Betrachten zwingt: eine bunte Reihe verschiedenster Fachwerkhäuser, jedes auf seine Weise prächtig und einzigartig. Die hervorstechendsten Bauten sind das Hotel Blaue Ecke („Historisches Haus") aus dem Jahr 1682 sowie das „Haus Stein", das 1630 durch den kurkölnischen Verwalter erbaut wurde, mit einem Schweifgiebel, der Traube als Hauszeichen und einer schmiedeeisernen „Schwedenfahne" (Wetterfahne) am Dach, die auf die Erbauungszeit während des Dreißigjährigen Kriegs verweist.
Auf der Rückseite des Marktes liegt das geistliche Zentrum des Ortes. Die katholische Pfarrkirche St. Johannes der Täufer besteht bereits seit dem 10./11. Jahrhundert, in dem sie als Eigenkirche der Grafen von Are erbaut wurde. Seit 1202 diente sie als Pfarrkirche,

1224-1794 als Ordenskirche der Johanniter. Ständige Erweiterungen um Umbauten begleiten ihre Historie bis hin zum Ende des Zweiten Weltkrieges, als das mittelalterliche Langhaus zerstört wurde, das mittlerweile wiederhergestellt ist. In der nahegelegenen Kollengasse beginnt auch der neugotische Kreuzweg aus dem Jahr 1863 mit Stationen aus verschiedenartigem Gestein, der auf 800 m Länge 71 Höhenmeter überwindet. Am westlichen Ortsausgang, wo das Leben – ähnlich wie in den schmalen, ebenfalls von historischen Bauten gesäumten Seitengassen – allmählich gemächlicher wird, lädt die Marienkapelle zur Einkehr. Es handelt sich um einen neugotischen Zentralbau, der an der Stelle einer barocken Kapelle zu Ehren der Schmerzhaften Mutter errichtet wurde, mit kunstvollen Malereien, Altären und Statuen im Inneren. Am östlichen Ende der Stadt, dem Nürburgring zugewandt, gibt es einen weiteren historischen Platz zum Staunen, der leicht übersehen wird: Am Buttermarkt befinden sich historische Fachwerkhäuser – das älteste stammt aus dem Jahr 1396.

Tipp

Kaiser-Wilhelm-Turm

Anlässlich der Silbernen Hochzeit des Kaisers Wilhelm II. und der Kaiserin Auguste Viktoria und zum Gedenken an Kaiser Wilhelm I. wurde 1908/09 auf dem höchsten Eifelgipfel, der Hohen Acht (746,90 m), ein 16,30 m hoher Aussichtsturm aus heimischem Bruchstein errichtet. Nach 70 Stufen bietet die Aussichtsplattform einen weiten Blick über die Eifel bis hin zum Siebengebirge. Bei guter Sicht lässt sich sogar der Kölner Dom erspähen.

Wanderparkplatz Hohe Acht, L10, Adenau
(GPS Turm: 50°23‘9.96“N, 7° 0‘40.61“E)

Der historische Marktplatz in seiner Pracht

Gastronomie

Blaue Ecke, Am Markt 5, 53518 Adenau (www.blaueecke.de)

Museum

Heimat-, Zunft- und Johannitermuseum

In der ehemaligen Klempnerei „Haus Fuhrmann“ sowie dem Haus „Schirmer“, in dem sich bis 1908 eine Nagelschmiede befand, wird eine bunte Mischung von Ausstellungsstücken und Räumlichkeiten vorgestellt, die sowohl die Heimatgeschichte als auch die Historie der Adenauer Zünfte und des Johanniter- und Malteserordens illustrieren. Werke von örtlichen Künstlern ergänzen die Sammlung.

Am Kirchplatz, 53518 Adenau
(www.heimatverein-adenau.de)

Weitere Museen:

Eifeler Bauernhaus-Museum,
Schulstraße, 53518 Adenau
(www.stadt-adenau.de/tourismus/museen)

In der Nähe

Nürburg und Nürburgring

Die Nürburg oberhalb der gleichnamigen Ortschaft ist die höchstgelegene Burg in Rheinland-Pfalz (678 m). Sie stammt bereits aus der Zeit vor 1166 und wurde wie die Adenauer Pfarrkirche und die dortige Johanniter-Komturei von den Grafen von Are erbaut. Wechselnde Besitzverhältnisse und Verpfändungen sowie ihre Zerstörung 1689 durch französische Soldaten führten dazu, dass Teile des Baus in der Folge als Steinbruch dienten. Ihre Ruine wurde aufwändig saniert und restauriert. Sie kann besichtigt werden und bietet nicht nur Freude am Erkunden, sondern auch (besonders vom Bergfried aus) eine wunderbare Sicht auf die umliegende Landschaft mit der Hohen Acht und dem ihr zu Füßen liegenden Nürburgring. Hier gibt es nicht nur Action und Spannung im Rausch der Geschwindigkeit, sondern eine fast 100-jährige Geschichte: Der Ring wurde 1927 eröffnet, und die Nordschleife gilt als eine der schönsten und anspruchsvollsten Rennstrecken weltweit. www.nuerburg.de

Historisches im Tal der Nette

Mayen

Pfarrkirche Herz-Jesu

Etwa 3000 v. Chr. siedelten schon Menschen an dieser Stelle im Tal der Nette am östlichen Rand der Eifel unweit des Laacher-See-Vulkans, der vor 13.000 Jahren die Gegend so gewaltsam und reichlich mit tonnenweise vulkanischer Asche und Gestein versorgte. Und bereits für die Römer war die damalige Kleinstadt (vici) Mayen ein bedeutender Wirtschaftsstandort: Die Steinindustrie (Tuff, Basalt, Schiefer) und der Handel mit qualitativ hochwertigen Mühlsteinen und Tongeschirr florierten. Über Rhein und Mosel wurden die Waren in weite Teile Europas verschifft.

11

Anreise Pkw/Parkplatz:
Parkplatz an der Herz-Jesu-Kirche, Boemundring, 56727 Mayen (GPS 50°19'36.64"N, 7°13'21.64"E)

Anreise mit ÖPNV:
Buslinien 320, 350, 357, 360, 371, 372, 375–377, 379, 380–383, 385, 388, 390, 393, 394, 399, 985, N38, Haltestelle „Mayen Obertor/Burg"

www.mayen.de

Auf Kelten und Römer folgten die Franken. 1041 wurde der Name „Mayen“ erstmals urkundlich erwähnt – möglicherweise handelt es sich jedoch auch bei dem 847 genannten „Megina“ um die gleiche Ortschaft. 1291 wurden durch Rudolf I. von Habsburg die Stadtrechte verliehen, nachdem einige Jahre zuvor bereits die Genovevaburg errichtet worden war. Ihr 34 m hoher, Goloturm genannter Bergfried ist eng mit der Sage des Pfalzgrafen Siegfried und seiner Frau Genoveva von Brabant verbunden. Um die St.-Clemens-Kirche, die leicht schief steht und zudem eine gezwirbelte Turmspitze besitzt, rankt

Tipp

Römerwarte Katzenberg

Auf dem Katzenberg, hoch über dem Nettetal und gleich neben einem ehemaligen Schiefer-Abbaugebiet, befindet sich ein ganz besonderes Gebilde: die Römerwarte. Im 4. Jahrhundert diente die größte römische Höhenbefestigung von Eifel und Hunsrück mit Wachstation, Wehrmauer und Rundtürmen als Fliehburg für die römische Bevölkerung Mayens. Militär sicherte die Anlage und die Grenzen des Römischen Reichs gegen die von der anderen Rheinseite einfallenden Germanen. Die Fundamente und Grundmauern der ehemaligen Wachstation wurden mit einer Schutzhütte überbaut, die eine hervorragende Sicht auf Mayen und die umliegenden Vulkane bietet. Etwas tieferliegend, südwestlich der Kuppe, wurden ein Stück Mauer und zwei Wachtürme rekonstruiert. Ein kurzer Rundweg entlang der ehemaligen Mauer verdeutlicht die Größe der Römerwarte – ein Abstecher hinauf zur Wachstation sei wärmstens empfohlen!

Parkplatz: St.-Barbara-Straße,
56727 Mayen
(www.vulkanpark.com)

Museum

Eifelmuseum in der Genovevaburg

Die Burg wurde 1280 vom Trierer Erzbischof im spätgotischen Stil auf der Felskuppe des „Kleinen Simmer" erbaut. Eine Umgestaltung im Barockstil erfolgte um 1700, nachdem 1689 französische Truppen Stadt und Burg besetzten, plünderten und brandschatzten. Bis Anfang des 19. Jahrhundert verfiel die Burg zusehends. Etliche Gebäudeteile dienten als Steinbruch, bevor die Anlage wiederhergestellt wurde, nur um in der ersten Hälfte des 20. Jahrhunderts erneut durch einen Brand und den Zweiten Weltkrieg in Mitleidenschaft gezogen zu werden. Heute dient die Burg gleich mehreren, völlig verschiedenen Zwecken: Neben den Burgfestspielen in den Sommermonaten beherbergt sie ganzjährig das Eifelmuseum mit der Ausstellung EifelTotal zu Themen rund um die Region, ihre Grenzen, ihre Besiedelung, Klima, Geologie und Persönlichkeiten, aber auch mit amüsanten Geschichten wie der „Entstehung des Eifelers" aus bestem Holz, das aber nicht mehr geschliffen und poliert wurde.

Unterhalb ihrer Mauern im Berg befindet sich das Deutsche Schieferbergwerk mit einem 340 m langen Erlebnis-Stollenlabyrinth zum Sehen, Hören, Riechen und Anfassen. Höhepunkt ist eine simulierte Lorenfahrt. Es können Kombitickets erworben werden, die die nahegelegenen Erlebniswelten Grubenfeld mit der Ausstellung SteinZeiten mit einschließen.

Genovevaburg, 56727 Mayen

(www.mayen.de/kultur-tourismus/tourismus/eifelmuseum)

sich ebenfalls eine Sage: So soll der Teufel versucht haben, die Kirche zu zerstören, er habe aber lediglich den Turm verdrehen können. Auch französische Belagerer hatten es nicht leicht: Bei einer Belagerung 1673 sollen städtische Truppen dem Feind in den Rücken gefallen sein und damit „hinten herum" gewonnen haben. 1689 wurde die Innenstadt dennoch fast vollständig zerstört, ebenso am Ende des Zweiten Weltkriegs.
Heute präsentiert sich Mayen dennoch mit einer in weiten Teilen erhaltenen, teilweise begehbaren Wehrmauer von 8–12 m Höhe, der Pfarrkirche Herz-Jesu aus dem Jahr 1911/12 mit ihren beiden eindrucksvollen Glockentürmen, dem barocken Alten Rathaus von 1717, etlichen Brunnen, Plätzen, Toren, Fachwerk- und Bürgerhäusern, Gastronomie und dem Eifelmuseum in der Genovevaburg und lädt zum Bummeln, Staunen und Entdecken ein.

Brückentor

In der Nähe

Römerbergwerk Meurin

In Kretz, fast schon am Rhein, befindet sich das wohl größte erhaltene römische Tuffbergwerk nördlich der Alpen. Unter einer 5 m hohen Bimsschicht verbarg sich ein Stollensystem, das erst in den 1950er Jahren wieder entdeckt und sowohl während der Römerzeit als auch im Mittelalter zum Abbau des wertvollen Gesteins verwendet wurde. Das abgebaute Material wurde beispielsweise bei Bauwerken in „Colonia Ulpia Traiana" (bei Xanten) oder in „Colonia Claudia Ara Agrippinensium" (Köln) verwendet. Die Ausstellung ermöglicht einen Rundgang durch Teile des Bergwerks und liefert auf sehr anschauliche Weise reichlich Informationen weit über das Thema hinaus.
Nickenicher Straße, 56630 Kretz (www.roemerbergwerk.de)

Schloss Bürresheim

Wie auch Burg Eltz wurde dieses Schloss nie zerstört und präsentiert sich daher in voller Pracht und märchenhaft verspielt. Die ältesten Teile stammen aus dem 14. Jahrhundert. Garten und Schloss können besichtigt werden und dienten bereits für Filme wie „Indiana Jones" oder „Rumpelstilzchen" als Kulisse.

Gastronomie

Gasthof Im Römer, Marktstraße 46, 56727 Mayen (www.im-roemer.de)
Ristorante & Pizzeria Torri, Marktplatz 10, 56727 Mayen (www.restaurant-torri.de)

Fachwerkidylle an der Elz

Monreal

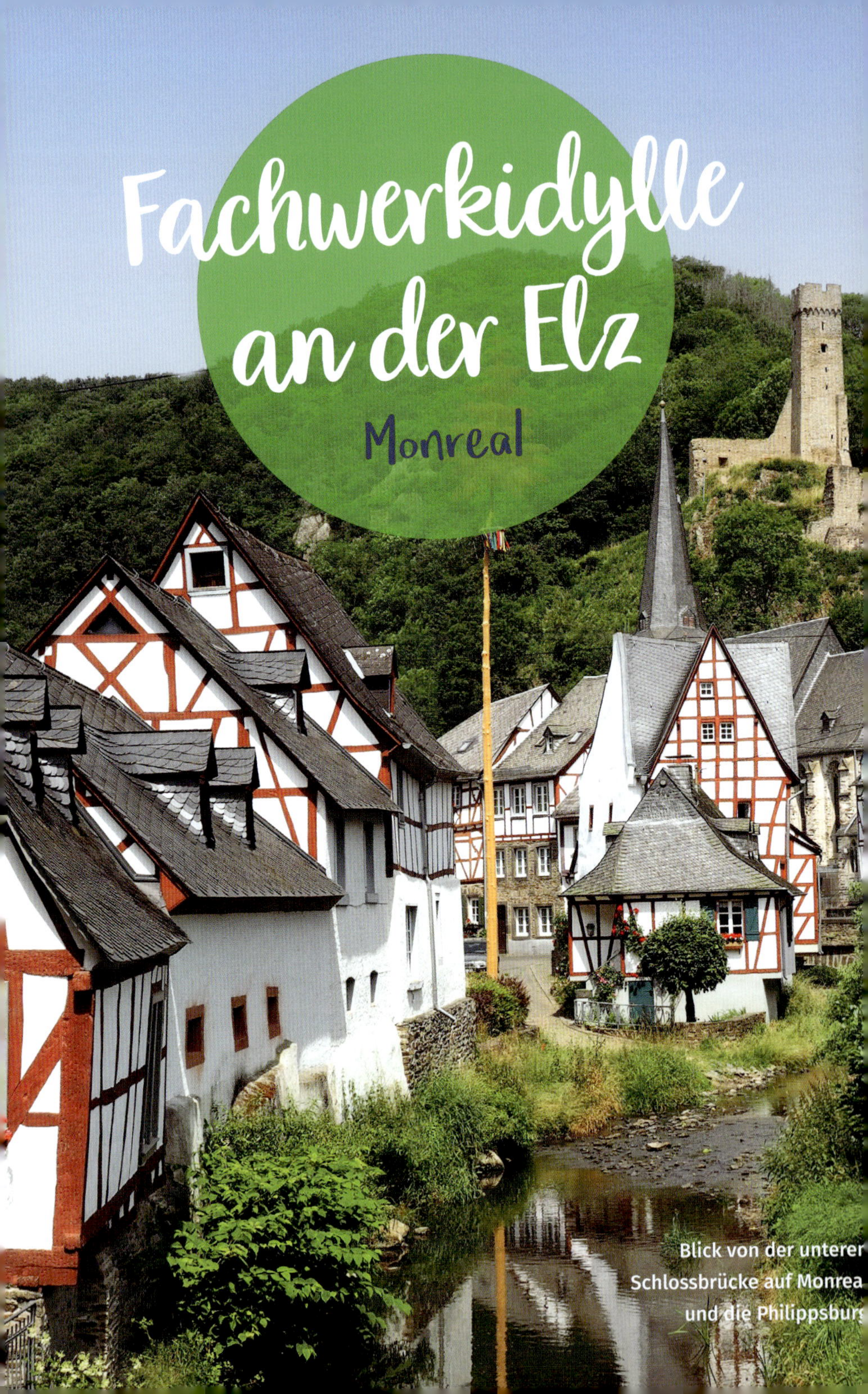

Blick von der unterer
Schlossbrücke auf Monrea
und die Philippsbur

Überragt von zwei Burgruinen leuchten die rot-weißen Fachwerkbauten des malerischen Dorfes den Besuchern entgegen, das auch „Perle des Elztals" genannt wird. Die gotische Dreifaltigkeitskirche bildet dabei mit ihrer Bruchsteinfassade einen spannenden Kontrapunkt zum bunten Fachwerk.

Eigentlich heißt Monreal „Königsberg" – zumindest lässt der Name darauf schließen, wird es doch als „Mons regalis" 1229 erstmals urkundlich erwähnt. Die Löwenburg war damals Auslöser eines Bruderstreits. Graf Hermann III. von Virneburg hatte sie auf den Ländereien seines Bruders Philipp errichtet. In der Folge erhielt Hermann die Ortschaft und ihre Umgebung und befestigte den Burgflecken mit wehrhaften Mauern. Etwa zeitgleich, ebenfalls im 13. Jahrhundert, wurde die kleinere Philippsburg erbaut – entweder als Teil der großen Burganlage oder aber im Zusammenhang mit den Streitigkeiten zwischen den Brüdern.

12

Anreise Pkw/Parkplatz:
An der Gemeindehalle, Bahnhofstraße 42a, 56729 Monreal
(GPS 50°17'48.54"N, 7° 9'14.45"E)

Anreise mit ÖPNV:
RB 38, Haltestelle „Bahnhof Monreal"

www.monrealeifel.de

Dass die Virneburger Grafen gute Kontakte zu den Kölner Erzbischöfen pflegten, Monreal sich aber auf dem Gebiet des Trierer Erzbistums befand, sorgte für unruhige Zeiten und zahlreiche bewaffnete Konflikte. Dennoch erhielt Monreal 1306 die Stadtrechte, das Marktrecht folgte 1642. Aufgrund der reichlich vorhandenen Wolle florierte im 17. Jahrhundert die Tuchindustrie – eine Entwicklung, die im 19. Jahrhundert durch die Industrialisierung, den Einsatz mechanischer Webstühle an konkurrierenden Orten und den darauffolgenden Import von Waren aus dem Ausland ein jähes Ende fand.

Bunter Fachwerkzauber an der Elz

Zahlreiche Fachwerkhäuser, idyllisch an engen Gassen gelegen, sind stille Zeugen jener längst vergangenen Zeiten: allen voran das Rathaus, auch Viergiebelhaus genannt, das bereits 1452/53 in dieser Form bestand. Gleich davor erinnert ein Schandbaum aus dem Jahr 1588 an die Verfolgung von „Wald- Strauch und Gartendieben". Drei malerische Steinbrücken überspannen die Elz. Auf der Johannesbrücke aus dem Jahr 1500, einem zweibogigen Quaderbau, befindet sich neben einem Kreuz mit vier Löwen eine Statue des heiligen Johannes Nepomuk. Von der oberen Schlossbrücke bietet sich ein besonders malerischer Blick auf die Kirche und die Löwenburg, während von der unteren Schlossbrücke, die als Teil der Stadtbefestigung den östlichen Elzübergang sicherte, die Philippsburg über der Fachwerkidylle thront. Am südlichen Ende, zur Grabenstraße hin, regen die Reste des „Hexenturms", eines spätmittelalterlichen Wehrturms, die Phantasie der Betrachter an. Tatsächlich gab es in Monreal Hexenverfolgungen. Ob in dem Turm jedoch Gefangene lebten, ist nicht überliefert.

Die Schönheit des Ortes nimmt nicht nur Tagesbesucher und Gäste für sich ein, sondern auch Fernsehteams. Unter anderem wurde „Der Bulle und das Landei" hier gedreht.

Wildromantische Burgruine der Löwenburg

Tipp

Monrealer Ritterschlag

Auf dem beliebten Traumpfad „Monrealer Ritterschlag" werden auf 13,7 km 508 Höhenmeter überwunden. Hauptsächlich auf Pfaden werden Monreal und seine Burgruinen, aber auch wunderbare Bachtäler, Schluchten und Panoramablicke erobert. Der Weg ist als schwer eingestuft. Nicht verpassen: Der Bergfried der Löwenburg ist begehbar und verspricht eine atemberaubende Aussicht.
www.traumpfade.info/monrealer-ritterschlag

Gastronomie

Stellwerk, Restaurant und Weinschänke im alten Bahnhof Monreal, Am Bahnhof 5, 56729 Monreal (www.stellwerk-monreal.de)

Wie eine Fata Morgana

Münstermaifeld

Westwerk der ehemaligen Stiftskirche

Machtvoll, uneinnehmbar und wie aus einer anderen Zeit entsprungen glänzt die Stadt im Morgenlicht. Von Weitem lenkt sie die Blicke auf sich, zu ihren Füßen die bunten, sich wiegenden Felder des Maifelds.

Blickfang sind die beiden Türme, die sich hoch aus der Silhouette erheben und den Betrachter unmittelbar ins Mittelalter katapultieren: der hell leuchtende romanische Dreifachturm an der Westseite der ehemaligen Stiftskirche und der weiße Eulen- oder Pulverturm der ehemaligen Lauffenburg. Münstermaifeld wirbt mit dem Slogan „Kleine Stadt mit großer Geschichte" – doch aus der Ferne erscheint die Stadt von vornherein groß und bedeutend und weckt die Neugier, diese wie eine Fata Morgana anmutende Festung erkunden zu wollen.

13

Anreise Pkw/Parkplatz:
Münsterplatz, 56294 Münstermaifeld
(GPS 50°14'50.59"N, 7°21'44.55"E)

Anreise mit ÖPNV:
Buslinien 356–361, 364, 369, N24,
Haltestelle „Martinsplatz Münstermaifeld"

www.muenstermaifeld.de
www.maifeldurlaub.de

Historischer Stadtrundgang

Dies gelingt am besten über den markierten historischen Stadtrundgang. Schmale Gassen, weite Plätze, hübsche Fachwerkbauten und verputzte Stadthäuser bestimmen das Bild. An den Sehenswürdigkeiten befinden sich kleine Schilder mit den wichtigsten Fakten, und auf sechs Infotafeln können über einen QR-Code weitere Informationen abgerufen werden. Nicht nur für die Augen, auch für die Ohren gibt es etwas zu erleben: das Summen der Bienen in der Stille des idyllischen Parks beispielsweise oder das Plätschern des Wassers am Severusbrunnen, in dessen Nähe sich ein kleines Türmchen befindet, in das die Wäscherinnen vor den Zudringlichkeiten der Männer flüchten konnten.

Uralte Geschichte

Im Archäologischen Museum werden Fundstücke ausgestellt, die eine frühe Besiedelung zur Stein- und Keltenzeit belegen. Im Umfeld wurde sogar ein 160.000 Jahre alter Schädel eines Neandertalers gefunden. Die Römer legten auf dem Berg ein Kastell an, dessen Fundamente sich heute noch unter der ehemaligen Stiftskirche be-

Portal der Stiftskirche

Museum

Heimat- und Erlebnismuseum

In der alten Probstei im Rosengarten befindet sich Deutschlands größtes Ladenmuseum mit über 20.000 Ausstellungsstücken und entführt auf eine Zeitreise in die Welt der (Ur-)Großeltern. Ergänzend können weitere historische Ladenlokale und Betriebe in der Ortschaft besichtigt werden.

Münsterplatz 4, 56294 Münstermaifeld (www.maifeldurlaub.de)

Weitere Museen:

Archäologisches Museum Maifeld, Münsterplatz 6,
56294 Münstermaifeld

finden. Um 580 wurde hier unter Verwendung der vorhandenen Steine eine erste Kirche gebaut. Unmittelbar daneben, auf dem Vorplatz des Gotteshauses, wurde 2009 ein fränkisches Gräberfeld ausgegraben. Der Bau der aktuell sichtbaren Kirche wurde 1225 begonnen, das eindrucksvolle Westwerk mit dem Dreifachturm stammt jedoch noch von der um 1100 errichteten Vorgängerkirche. Die heute noch an etlichen Stellen erkennbare Stadtmauer entstand im 13. und 14. Jahrhundert und war seinerzeit mit insgesamt drei Toren und acht Türmen ausgestattet. 1277 erhielt Münstermaifeld Stadtrechte und Gerichtshoheit. 1689 brannten die Soldaten Ludwigs XIV. die Stadt fast vollständig nieder, was auf einem schrecklichen Irrtum beruhte: Sie hatten sie mit Münstereifel verwechselt. Lebendiger Zeuge dieser Ereignisse ist das Rathaus, das ursprünglich aus dem Jahr 1575 stammt und 1699 originalgetreu wieder aufgebaut wurde.
Heute präsentiert die Stadt mit nur gut 3.400 Einwohnern sich stolz und geschichtsbewusst und lädt zum Staunen, Schauen und zum gemütlichen Spaziergang ein – nicht selten mit einem weiten Blick über das Maifeld.

Gastronomie

Löffels Landhaus, Obertorstraße 42, 56294 Münstermaifeld (www.loeffelslandhaus.de)

Hoch über der Kyll

Kronenburg

Nordtor

Bewegt man sich auf Kronenburg zu, so stehen zunächst andere Gegebenheiten im Fokus – beispielsweise der Kronenburger See mit seinen unzähligen Freizeitmöglichkeiten, die Ferienhaussiedlung am Hang und die alte Kyllbrücke nebst Kirchlein (Brigidakapelle) im Tal. Erst beim Umschauen oder beim Passieren des Hinweisschildes wird die Aufmerksamkeit auf den historischen Burgort hoch über dem Tal gelenkt, der dem Betrachter auf grünem Hügel mit einer Mischung aus weiß leuchtenden Gebäuden und mausezahnartiger Ruine entgegenblickt und Spannung und Abenteuer verspricht.

Wenn nicht gerade Weihnachtsmarkt ist, ist es durchaus möglich, mit dem Auto hinaufzufahren und vor dem Nordtor am Burgbering zu parken. Eine Wanderung hinauf vom Kronenburger See ist jedoch landschaftlich sehr reizvoll! Das Durchschreiten des historischen Nordtors gleicht dem Eintauchen in uralte Zeiten, in die Welt des Mittelalters.

14

Anreise Pkw/Parkplatz:

Parkplatz „Burgbering" (mit öffentlicher Toilette), Burgbering 32, 53949 Dahlem (GPS: 50°21'53.41"N, 6°28'36.65"E)

Anreise mit ÖPNV:

Buslinien 766, 834, Haltestelle „Dahlem Gerlachstraße"

www.dahlem.de

Man kann sich kaum entscheiden, ob man dem Verlauf des Mauerrings folgen oder geradeaus zur Burg laufen möchte, so einladend ist jedes einzelne Haus, jede Gasse, jeder Stein. Rosenranken schmücken die Hausfassaden, das Fachwerk ist sorgsam gepflegt, Kopfsteinpflaster und Natursteine zieren Wege und Stufen. Die Burg selbst hat zwei Gesichter: Geradeaus trumpft das gepflegte Schlosshotel im Burghaus Kronenburg mit Romantik-Zimmern, Gastronomie, Teelädchen und Festräumen, während hoch über all dem die Ruine des Bergfrieds wie ein mahnender Zeigefinger lockt – ein Paradies für neugierige Entdeckerseelen, mit „Eifel-Blick" und gleich mehreren spektakulären Aussichtspunkten. Hier wird sofort deutlich, warum aus strategischen Gründen genau an dieser Stelle eine Burg erbaut wurde. Der Blick reicht über das Kylltal bis weit in alle Richtungen, und der steile Berg machte es – unterstützt durch die Ringmauer – Feinden fast unmöglich, die Festung zu erobern. Um Burg und Bergfried herum entstand auf dem Bergsporn eine ebenfalls befestigte Siedlung, die um 1350 Stadtrechte erhielt und bereits 1602 eine Schule besaß. Erstmals erwähnt wurde Kronenburg 1277. Die Pfarrkirche St. Johann Baptist aus dem 15. Jahrhundert wurde

Blick von der Ruine auf den Burgbering

Tipp

Kronenberger Weihnachtsmarkt

Der Kronenburger Weihnachtsmarkt entführt stimmungsvoll in alte Zeiten. Die Stände in den schmalen Gassen bieten Kunstgewerbe, Weihnachtliches und Kulinarisches an. Etliche Häuser, Garagen und Schuppen sind für Besucher geöffnet. Im Tal sind Parkplätze ausgeschildert, von denen Pendelbusse Besucher kostenlos hinauf ins Burgdorf fahren. www.kronenburger-weihnachtsmarkt.de

in die Ringmauer mit einbezogen, die seit diesem Zeitpunkt kaum verändert wurde. Das sehenswerte Netzgewölbe des spätgotischen Kirchenbaus wird nur von einem Pfeiler getragen. Der Glockenturm wurde zusätzlich als Wehrturm genutzt.
Etliche Häuser in der Ortschaft sind um die 400 Jahre alt. Das Nordtor wurde im Krieg beschädigt und anschließend wieder aufgebaut. Vom ebenfalls erhaltenen Mitteltor führt eine Treppe hinauf zur Burgruine, die heute auf der Westseite über einen Pfad mit dem Burghaus verbunden ist. Ein Durchbruch im benachbarten Osttor bildet eine Abkürzung hinunter ins Kylltal zur Ortschaft Kronenburgerhütte, die ab der Mitte des 15. Jahrhunderts durch Eisenverhüttung an Bedeutung gewann.

Wechselnde Herrschaftsverhältnisse

Wie überall hatte man unter wechselnden Herrschaftsverhältnissen zu leiden: Auf die Edlen von Dollendorf folgte ab 1327 eine eigene Kronenburger Linie. Ab 1414 gehörte Kronenburg mangels männlicher Erben nacheinander den Grafen von Virneburg, Schleiden, Gerolstein, Königsegg-Rothenfels und Blankenheim und wurde schließlich luxemburgisches Lehen. 1555 bis 1715 gelangte es unter die Herrschaft der Spanier, deren Eifeler Gebiete an eine Insel erinnerten und heute noch „Spanisches Ländchen" genannt werden. Wie in weiten Teilen der Eifel folgte 1794 eine Besetzung durch die Franzosen, bevor Kronenburg über ein Zwischenspiel als Exklave des Hauses Mecklenburg-Strelitz schließlich ab 1819 von den Preußen regiert wurde. Die bereits seit dem 18. Jahrhundert verfallende Burgruine wurde 1809 von einem ehemaligen Amtmann ersteigert und von der Bevölkerung als Steinbruch genutzt. Sie gewann erst in den 1920er Jahren als Freilichtbühne für die „Tellspiele" nach Schillers Drama erneut Bedeutung. In den historischen Gebäuden der ehemaligen Siedlung haben sich Galerien, Kunstgewerbe, kleine Läden und Ferienwohnungen etabliert. Die Zehntscheune enthält ein beliebtes Café mit Pralinenherstellung und angeschlossener Destillerie. Neben dem historischen Ambiente sind daher auch die angebotenen Waren ein echter Höhepunkt des stimmungsvollen Weihnachtsmarktes, der jährlich am ersten Adventswochenende hier stattfindet.

Gastronomie

Café Zehntscheune & Kronenburger Destille, Burgbering 25,
53949 Dahlem-Kronenburg (www.cafe-zehntscheune.de)
Burghaus & Villa Kronenburg, Burgbering 12,
53949 Dahlem-Kronenburg (www.villa-kronenburg.de)

In der Nähe

Ehemalige Kalkbrennerei

An der B421 befindet sich ein Doppelkalkofen, der um 1890 erbaut wurde. Es handelte sich um kontinuierlich brennende Trichteröfen mit zylindrischem Brennschacht. Hergestellt wurden Dünge-, Bau- und Putzkalk. 1979 wurde das Kalkwerk Brandenburg stillgelegt, später jedoch restauriert und für die Besichtigung freigegeben.

Die Burgruine bietet weite Ausblicke und lädt zum Erkunden ein.

Vom fränkischen Dorf zur Krimihauptstadt

Hillesheim

Südseite der mittelalterlichen Stadtmauer

1.400 Jahre sind vergangen, seit an der Römerstraße eine fränkische Siedlung entstand. Erstmals urkundlich erwähnt wurde Hillesheim im Jahr 943 n. Chr., der Name ist jedoch – ebenso wie die Funde von Erdgräbern – fränkischen Ursprungs und bedeutet frei übersetzt so viel wie „Wohnort des Hildin" (eines Kämpfers).

Die Stadtrechte wurden 1376 verliehen. Im 13. Jahrhundert erfolgten sowohl der Bau der Stadtmauer mit zwölf Türmen und zwei Toren als auch die Gründung eines Klosters nordwestlich der Ortschaft. Zu dieser Zeit war Hillesheim als luxemburgisches Lehen im Besitz der Herren von Wildenburg, die wiederum mit den Herren von Reifferscheid verwandt waren. Darauf folgten wechselnde Besitzverhältnisse und die Verstrickung in die Jülicher Hausfehde zwischen dem Markgrafen Wilhelm und seinen Söhnen. Zudem machte im 16. Jahrhundert die Revolution der Stadt zu schaffen, sodass auch das Kloster in eine wirtschaftliche Krise geriet.

15

Anreise Pkw/Parkplatz:
Parkplatz an der Wallstraße, 54576 Hillesheim
(GPS 50° 17'33.41"N, 6° 40'10.06"E)

Anreise mit ÖPNV:
Buslinien 502, 522, Haltestelle „Hillesheim ZOB"

www.hillesheim.de
www.krimiland-eifel.de

Obwohl die Stadtmauer mehrfach verstärkt worden war, gelang es in der Folge hessischen, lothringischen, französischen und englischen Truppen, Hillesheim zu erobern, zu plündern und zu brandschatzen. 1731 brannte die Stadt völlig aus, im 19. Jahrhundert wurden Teile der Stadtmauer und die Stadttore abgebrochen. Erst im 20. Jahrhundert wurden die verbliebenen Reste ausgebessert und gesichert. Fünf Türme und der historische Wehrgang entlang der Mauer sind heute frei zugänglich, begehbar und von Parkanlagen umgeben. Auch im mittelalterlichen Stadtkern wurden die alten Häuser saniert und hergerichtet. So verrät beispielsweise eine Infotafel am alten Burgmannenhaus in der Burgstraße, dass es sich um das älteste Haus im Ort handelt, hier eines der sieben Geschlechter von Hillesheim lebte und dass die drei alten Wappen im Fenstersturz mit der Stadtgründung in Verbindung stehen. Das Haus stammt im Kern aus dem 16. Jahrhundert, die Fenstereinfassungen sind spätgotisch, und am Giebel ist noch Fachwerk zu erkennen.

Park in der Burganlage

Museum

Kulturhaus Alte Schreinerei

Wechselnde Ausstellungen lokaler Künstler werden in der ehemaligen Schreinerei aus dem 19. Jahrhundert von einer Dauerausstellung von Mineralsteinen sowie zu historischen Themen begleitet.
Burgstraße 19, 54576 Hillesheim
(www.eifel.info/a-kulturhaus-alte-schreinerei)

Weitere Museen:
Das Kriminalhaus (mit dem Deutschen Krimi-Archiv, dem Café Sherlock und der Buchhandlung Lesezeichen), Markt 5–7, 54576 Hillesheim
(www.kriminalhaus.de)

Europäische Beispielstadt

Blick von der Stadtmauer auf Hillesheim

Seit 1982 gelangte Hillesheim zu neuer Blüte: Es wurde „europäische Beispielstadt" und erhielt 1993 erneut die Stadtrechte verliehen. Vor der alten Wehrmauer finden regelmäßig Freilichtaufführungen statt. Durch die Krimis von Jacques Berndorf und Ralf Kramp erlangte die Stadt national höchste Bedeutung: Das Krimihotel mit 20 Themenzimmern in einem Gebäude aus dem Jahr 1900, das Kriminalhaus mit dem urigen Café Sherlock und dem Deutschen Krimi-Archiv, bis unter das Dach vollgestopft mit 30.000 Kriminalromanen aus allen Zeiten und Gegenden, sowie Krimi-Wanderungen, -Führungen und -Bustouren, passende Escape Rooms und das Krimi-Festival „Tatort Eifel" mit den „Hillesheimer Krimitagen" füllen die mittelalterliche Stadt mit buntem, spannendem Leben und düsteren Geschichten.

Gastronomie

Café Sherlock, Am Markt 5–7, 54576 Hillesheim (www.kriminalhaus.de)

Tipp

Eiskeller

Am Schützenweg nördlich des Stadtzentrums, unweit des Hillesheimer Bachs, befindet sich in einem Buntsandsteinfelsen ein künstlicher Stollen, der in der zweiten Hälfte des 19. Jahrhunderts in das Gestein getrieben wurde, um als Kühlkammer zu dienen. Der Eingang ist mit einem Gitter verschlossen, der Innenraum ist aber sichtbar und die Kälte deutlich spürbar.

Schützenweg, 54576 Hillesheim (GPS 50° 17'42.09"N, 6° 40'12.44"E)

In der Nähe

Erlöserkapelle Mirbach

1902 auf Veranlassung von Kaiser Wilhelm II. und seiner Frau, Kaiserin Augusta Victoria, im Zuge des Historismus im neoromanischen Stil an weithin sichtbarer erhöhter Position erbaut, ist sie mit ihren Mosaikarbeiten im Inneren ein kleineres Pendant zur etwas später erbauten Erlöserkirche in Gerolstein. Sehr sehenswert sind auch das prachtvolle Portal aus Eichenholz und die feinen Steinmetzarbeiten. Auf einer Tafel im Eingangsbereich werden viele interessante Kleinigkeiten erläutert, die in den Malereien und Bildhauereien der Kapelle zu finden sind, beispielsweise ein Maikäfer auf einem Gurtbogen, der Bezug auf die Bauzeit nimmt: 1903 war ein Maikäferjahr.

Kapellenstraße 1, 54578 Wiesbaum
(www.eifel.info/a-erloeserkirche-mirbach)

Historische Wassermühle Birgel

Das Mühlen-Erlebniszentrum bietet mit historischer Brauanlage, Mühlenführungen, Mühlenlädchen, Übernachtungsangeboten, Wirtshaus, Brauereistube, Biergarten, Imbiss und den verschiedensten Veranstaltungen reichlich Interessantes und Unterhaltsames für jeden Geschmack. Es ist sogar möglich, vor Ort zu heiraten!
Mühlenstraße 1, 54587 Birgel
(www.muehlebirgel.de)

Leuchtend schöne Karolingerstadt

Prüm

Fassade der Sankt-Salvator-Basilika

Von allen Seiten deutlich sichtbar erhebt sich die strahlend schöne, rosa leuchtende Basilika über die umliegenden Häuser und lädt zum Erkunden und Staunen! Auch ohne ein geschlossenes Altstadtensemble bietet die Stadt Prüm reichlich Möglichkeiten zum Entdecken, unzählige Geschichten und eine vielfältige Gastronomie.

Idyllisch in einem grünen Talkessel am gleichnamigen Fluss gelegen, wurde sie bereits 720 als „villa prumia" der Karolinger urkundlich erwähnt. Im Jahr darauf gründete Bertrada die Ältere gemeinsam mit ihrem Sohn Charibert das erste Kloster in Prüm. Es stand etwa dort, wo sich heute der Friedhof befindet.

16

Anreise Pkw/Parkplatz:
Parkdeck, Bahnhofstraße 17, 54595 Prüm
(GPS 50° 12'20.95"N, 6° 25'31.54"E)
Parking Zentrum, Tiergartenstraße 18, 54595 Prüm
(GPS 50° 12'28.44"N, 6° 25'16.55"E)

Anreise mit ÖPNV:
Buslinien 440, 460, 465, Haltestelle „Prüm, Gerberweg"

www.ferienregion-pruem.de

Die fränkische Edle Bertrada stammte von der nahegelegenen Burg Mürlenbach und war mütterlicherseits die Urgroßmutter von Karl dem Großen, ihr Schwager Pippin der Mittlere war interessanterweise auf der väterlichen Seite dessen Urgroßvater. Dreißig Jahre später ließ sich der Hausmeier (wichtigstes fränkisches Amt) Pippin der Jüngere, ein Enkel des oben genannten gleichnamigen Schwagers Bertradas und Sohn Karl Martells, zum König salben und festigte damit seine Macht. Pippin soll sehr klein gewesen sein und trug daher die Beinamen „der Kurze" oder „der Kleine". Gemeinsam mit seiner Ehefrau Bertrada der Jüngeren, die – Sie ahnen es! – eine Enkelin der oben genannten Klostergründerin war, die ihrerseits mit seinem Großvater verschwägert war, gründete er das schwindende Kloster in Prüm 752 neu. Das Paar gebar mehrere Kinder. Der älteste Sohn sollte später „Karl der Große" genannt werden! Ab 762 ließen Pippin und Bertrada an der Mündung des Tettenbachs in die Prüm prachtvolle neue Gebäude errichten: ein neues Benediktinerkloster und eine „goldene Kirche". Als wichtigste Reliquie erhielt die fortan „Sankt Salvator" genannte Neugründung die „Sandalen Jesu Christi", die sich bis heute vor Ort befinden und zu bestimmten Zeiten zu besichtigen sind. Zur Einweihung 799, nach vierzigjähriger Bauzeit, sollen Papst Leo III. und Karl der Große anwesend gewesen sein. Die Karolinger legten den Grundstein für ein blühendes Klosterleben: Landschenkungen und Erbschaften, sechs Zweigklöster, die Unantastbarkeit der Klostergrenzen und die Unabhängigkeit von weltlichen Gerichten, Marktrechte, Wallfahrten und Prozessionen. Viel später, 1222, sollte Prüm zum Fürstentum erhoben werden. Unzählige Ortschaften im Um-

Statue Pippins des Kurzen
am Karolingerweg

Am Karolingerweg:
Abt Regino am Schreibpult

Die Sandalen Christi

kreis verdanken ihre Existenz dem Kloster. Bereits 1016 erhielt die Stadt das Markt- und Münzrecht. Doch das Kloster und die zugehörige Siedlung wurden auch von gewaltigen Rückschlagen heimgesucht: Die Wikinger kamen, sahen und siegten! Es war Abt Regino, der seine Erlebnisse mit den Nordmännern schriftlich festhielt, mit seinen Mönchen den Wiederaufbau in Angriff nahm und zudem das Prümer Urbar verfasste, eine über 1.100 Jahre alte Niederschrift der Güter und Einkünfte des Klosters. Die goldene Kirche stand bis 1721. Sie liegt heute unter dem Hahnplatz. Im linken Eckturm (dem Nordturm) der heutigen barocken Basilika befindet sich ihr ehemaliger Südturm. Ein Teil des Mauerwerks ist von innen sichtbar. Neben dem wuchtigen Portal sind zwei Statuen angebracht: Pippin der Jüngere (links) und Karl der Große (rechts). Das Innere der heutigen Kirche wird bestimmt von mächtigen Säulen. Im lichtdurchfluteten Altarraum können der barocke Hochaltar, der neugotische Reliquienschrein der Sandalen Christi, das filigran geschnitzte Chorgestühl aus dem Jahr 1731 und das Hochgrab des Kaisers Lothar I. bewundert werden und laden zu Andacht und Staunen. Ein kleiner Barockengel mit Pfeil und Bogen am Hochaltar erzählt die Geschichte von „Nithards Pfeil". Eingangs des linken Seitenschiffs der Basilika werden in einer Kapelle die Reliquien der heiligen drei Ärzte Marius, Adifax und Abacum aufbewahrt und verehrt.

Unterhalb der Basilika, am Gerberweg, befinden sich Statuen der Karolinger, deren Wirken in längst vergangenen Zeiten so wegweisend für die Entwicklung Prüms war.

Auf den Spuren der Kelten

Nördlich des Stadtzentrums, unweit des Postferiendorfs, am höchsten Punkt des Tettenbuschs befindet sich etwas versteckt ein alter keltischer Ringwall, der beweist, dass die Geschichte Prüms noch weit älter ist als alles, was in Büchern festgehalten wurde. Der Burg-

Museum

Museum Prüm

Ein buntes Potpourri an Informationen und Ausstellungsstücken zur Geschichte der Stadt Prüm und der ganzen Region präsentiert sich auf vier Etagen im abwechslungsreich gestalteten kulturhistorischen Museum Prüm. Von Stadtmodellen und Dioramen von Stadt und Abtei über antiquarische Schriften, Fahnen und Schilder, elektronische Geräte, ein historisches Löschfahrzeug, landwirtschaftliches Gerät, Fossilien und steinzeitliche Funde bis hin zu einer Ausstellung zum alten Handwerk und den Lebenswelten vergangener Jahrhunderte ist alles dabei und bietet einen eindrucksvollen Einblick in alte Zeiten.
Tiergartenstraße 54, 54595 Prüm (www.museum-pruem.de)

Weitere Museen:

Naturparkzentrum Prümer Land, Tiergartenstraße 70, 54595 Prüm

Rekonstruiertes Tor
der Keltenburg

ring diente vermutlich als Stützpunkt und Machtsymbol und diente mit neueren Aufbauten möglicherweise noch im Mittelalter als Fluchtburg. Vor Ort befindet sich ein rekonstruiertes Tor in keltischer Bauweise mit einer trocken gesetzten Steinmauer, die von einer Holzkonstruktion gehalten wird. Die ursprüngliche Anlage wird in die sogenannte Latèneperiode datiert und dürfte in der Eisenzeit etwa zwischen 500 und 100 v. Chr. genutzt worden sein.

Explosionskatastrophe am Kalvarienberg

Untrennbar mit Prüm verbunden und bis heute wie eine Narbe sichtbar ist die Explosionskatastrophe am Kalvarienberg. Die Stadt war im Zweiten Weltkrieg schwer zerstört worden, und die französischen Besatzer ließen seit Kriegsende sämtliche Munition sammeln und in einen Bereitschaftsbunker bringen, der unter Hitler in Form von zwei Stollen unterhalb der Kuppe des Kalvarienbergs angelegt worden war. Hier warteten zudem etwa 500 Tonnen Sprengstoff darauf, die Westwallbefestigungen zu sprengen. Am Abend des 15. Juli 1949 – er wird vor Ort heute noch „der schwarze Freitag" genannt – wurde die Feuerwehr alarmiert, weil aus ungeklärter Ursache Rauch aus einem Luftschacht nach außen drang. Kurz darauf wurde Prüm evakuiert. Zwischen 20.22 und 20.23 Uhr hob unter einem dunklen Donnergrollen die Bergspitze ab, fiel wieder zurück, und nach einer weiteren Explosion und mehreren Erschütterungen erschien ein

Tipp

Turmblasen

Am ersten Samstag im Advent bietet sich vor der Abtei ein besonderes Schauspiel. Mehrere um den Hahnplatz verteilte Bläsergruppen geben ein gemeinsames adventliches Konzert, bei dem die Zuhörer von allen Seiten beschallt werden. Verbunden mit dem Sternenschmuck und dem großen Weihnachtsbaum vor der zauberhaften Basilika scheint die Welt einen Moment den Atem anzuhalten.

Info

Burgbrennen/Hüttenbrennen

Im Prümer Land wird – wie an vielen Orten in der Südeifel – mit dem traditionellen Burgbrennen am ersten Sonntag nach Karneval der Winter verabschiedet und böse Geister vertrieben. Weithin sichtbar aufgestellte hölzerne Kreuze oder Räder werden mit Stroh umwickelt und in Brand gesteckt.

riesiger Feuer- und Rauchpilz über dem Berg. 250.000 m^3 rote Erde, Sand, Gesteinsbrocken und Staub flogen durch die Luft, rollten in einer Lawine zu Tal und deckten 96 Hektar Land zu. Die Erschütterung war bis Aachen zu spüren und wurde selbst im entfernten Basel noch als Erdbeben aufgezeichnet. Nach der heftigen Druckwelle und dem Bombardement durch Steine und Schutt lag die Stadt Prüm erneut in Trümmern: 76 Häuser (mit 131 Wohnungen) wurden völlig zerstört, 161 stark beschädigt, 965 Menschen obdachlos, 60 Personen wurden verletzt und 12 starben. Ein Gedenkstein für die durch die Detonation Verstorbenen findet sich heute noch auf dem Friedhof. Die zerstörte Kalvarienbergkapelle wurde an einem anderen Standort nachgebaut. Sie ermöglicht einen malerischen Blick über die Stadt Prüm hinweg bis zur Basilika und zur gegenüberliegenden Anhöhe. Etwas oberhalb erinnern bis heute ein Krater in der Bergkuppe und ein Gedenkkreuz an die Katastrophe.

Gedenkkreuz auf dem Kalvarienberg

Blick vom Kalvarienberg auf Prüm

Gastronomie

Kölner Hof, Tiergartenstraße 20, 54595 Prüm (www.kölner-hof.com)
Restaurant Zur Alten Abtei, Hahnplatz 24, 54595 Prüm (www.zur-alten-abtei.de)
Wirtshaus am Hahnplatz, Hahnstraße 14, 54595 Prüm (www.wirtshaus-am-hahnplatz.de)
Eiscafé Stella D'Oro, Hahnplatz 29, 54595 Prüm

In der Nähe

Adenauervilla

Auf einem 605 m hohen Hügel, versteckt im Kammerwald zwischen Duppach und Steffeln, liegt eine Ruine von besonderer politischer Brisanz: Bei der auch Camp Konrad genannten Villa handelte es sich um eine „Freundesgabe" eines hochrangigen Industriellen an den damaligen Kanzler. Die aufwändige dreistöckige Villa mit insgesamt 600 m^2 Wohnfläche sollte als privater Altersruhesitz, Jagd- und Wochenendhaus dienen und wurde aufgrund des Verdachts der Korruption niemals fertiggestellt. Sie befindet sich in Privatbesitz.
GPS: 50°16'12.74"N, 6°31'50.92"E

In der Nähe

Schönecken

Bereits die Kelten ließen sich hier nieder! Im Altburgtal zwischen Schönecken und Hersdorf – gleich oberhalb der Brücke über den Altburgbach – bot eine Burg den Kelten Schutz und Zuflucht und eine überlegene Verteidigungsposition. Die Überreste sind heute noch zu sehen. Noch deutlicher sichtbar ist die mittelalterliche Burgruine, die den Burgflecken und das Tal der Nims überragt. Schönecken spielte eine strategisch äußerst bedeutsame Rolle, lag es doch an der Straße von Bitburg nach Prüm. So wurde „Schöneck" bereits 933 in einem Zinsverzeichnis erstmals genannt, der Ortsteil Wetteldorf als Schenkung Pippins an die Abtei Prüm sogar schon im Jahr 762. Die Burg wurde im 12. oder frühen 13. Jahrhundert erbaut und zum Spielball verschiedenster Machtkämpfe und Ränkespiele. Im Jahr 1802 suchte ein verheerender Brand sowohl die Burg als auch die Ortschaft heim. In der Folge wurde die Ruine als Steinbruch zum Wiederaufbau der Häuser genutzt. Dennoch bietet die weitläufige Burganlage auf dem Bergsporn bis heute phantastische Ausblicke und einen hohen Entdecker- und Abenteuerfaktor, der das Herz höherschlagen lässt.

Keinesfalls verpassen sollten Sie die jährliche Schönecker Eierlage – ein Lauf-Wettkampf mit 104 Eiern am Ostermontag. Zwei Junggesellen wetteifern um den Sieg: Der „Läufer" läuft 7,6 km ins benachbarte Seiwerath und zurück. Der „Raffer" sammelt 104 Eier einzeln auf, die im Abstand einer Elle auf der Von-Hersel-Straße über eine Distanz von 65 m ausgelegt sind – begleitet von der Anfeuerung unzähliger Zuschauer, die die Strecke säumen. Diese Tradition ist seit 1764 überliefert.

www.schoenecken.de

390 Millionen Jahre Geschichte

Gerolstein

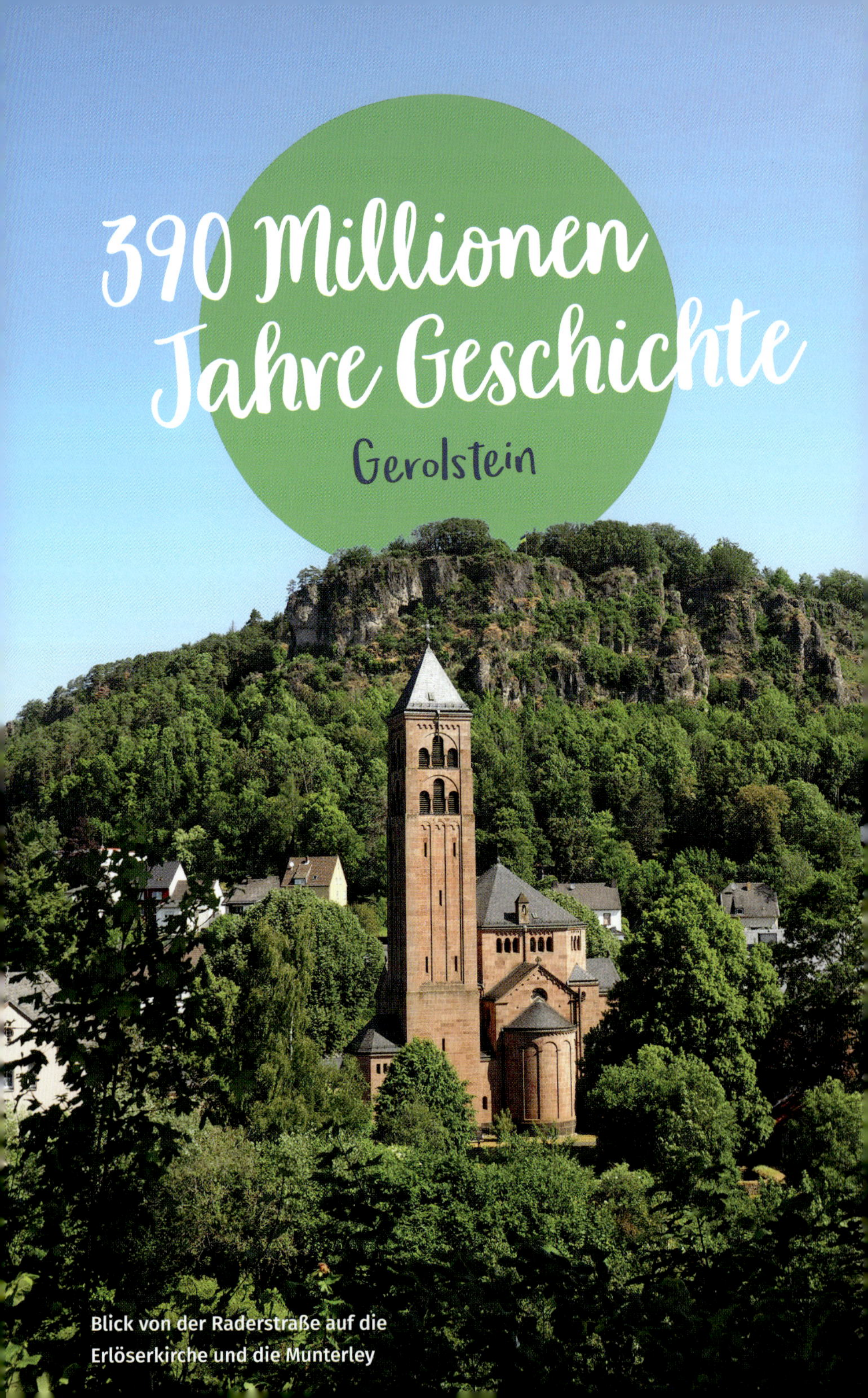

Blick von der Raderstraße auf die Erlöserkirche und die Munterley

Auf den ersten Blick lockt Gerolstein nicht wie andere historische Orte mit verwinkelten Gassen voller Fachwerkhäuser und verwunschenen Ecken. Umso interessanter jedoch sind die Historie und die Entdeckung der geschichtsträchtigen Orte – gerade, weil alles ein bisschen anders ist. Das beginnt bereits damit, dass die Gerolsteiner Dolomiten, die im Mitteldevon vor 390 Millionen Jahren aus einem subtropischen Flachmehr entstanden, als ältestes Riff in Deutschland gelten! Ein Blick auf die faszinierenden Felsstrukturen sagt hier mehr als 1.000 Worte, und die Lebewesen, die hier an der Oberfläche erkennbar werden, stammen aus längst vergangenen Zeiten.

17

Anreise Pkw/Parkplatz:

P1 Stadtmitte, Brunnenstraße, 54568 Gerolstein
(GPS 50° 13'23.52"N, 6° 39'35.95"E)

Anreise mit ÖPNV:

RB22, Buslinien 460, 465, 466, 533, 700, 777,
Haltestelle „Bahnhof Gerolstein"

www.gerolsteiner-land.de

Helenenquelle

Wasser sucht sich überall seinen Weg durch das Gestein, tritt aus der Tiefe empor oder aus Felsspalten heraus und sorgt dafür, dass Gerolstein zu Recht den Namen „Brunnenstadt" trägt. Bereits 1888 wurde Gerolsteiner Sprudel erstmals abgefüllt und ab 1890 exportiert. Mittlerweile hat das Unternehmen mehr als 800 Beschäftigte, und wer an der öffentlich zugänglichen Helenenquelle im Kyllpark das aus 117 m Tiefe geförderte Mineralwasser direkt aus dem Hahn trinkt, wird feststellen, wie hoch der Kohlensäureanteil ist. Diese Kohlensäure ist vulkanischen Ursprungs und das Wasser durch das Dolomitgestein mit Calcium, Magnesium und Hydrogencarbonat angereichert.

Steinzeit, Kelten und Römer

Nicht ganz so alt wie die Felsen, doch ebenso eindrucksvoll sind die Spuren, die die ersten Siedler sowie Kelten und Römer in Gerolstein hinterließen. In der Magdalenahöhle wurden aus Mammut-Elfenbein und Hirschzahn gefertigte Schmuckstücke gefunden, die belegen, dass bereits in der Altsteinzeit um 25000 v. Chr. Menschen an der Munterley oberhalb von Gerolstein lebten. Noch älter sind die Funde im Buchenloch, das sich etwas weiter oberhalb befindet und über gleich mehrere Wanderwege zu erreichen ist, unter anderem über den Eifelsteig und den Gerolsteiner Felsenpfad. Neben Knochen von Mammut, Höhlenbär, Wildpferd und Ren, die möglicherweise als Beute dienten, deutet das gefundene Steinwerkzeug darauf hin, dass hier vor 30.000 Jahren Neandertaler Schutz und Zuflucht fanden. In einer Abraumhalde der Höhle fanden sich auch eisenzeitliche und römische Relikte. Vis-à-vis, auf der bewaldeten Kuppe der Dietzenley südlich von Gerolstein in der Nähe von Büscheich, befindet sich eine ehemalige keltische Fliehburg aus der Bronzezeit. Anhand der bemoosten Steine ist deutlich der Verlauf des Ringwalls zu erkennen. In der Mitte, an der höchsten Stelle des Pelmer Waldes, steht ein hölzerner Aussichtsturm – mit einer phantastischen Sicht weit über das Gerolsteiner Land. Auf die Kelten folgten die Römer, und das nicht nur am Buchenloch. Der Juddekirchhof auf dem Plateau der Munterley hat tatsächlich nichts mit Juden zu tun: Der Begriff geht möglicherweise auf das mundartliche „Jödd"/„Godi" zurück, was so viel bedeutet wie „Patentante". Es handelt sich um einen gallo-römischen Umgangstempel, der der Göttin Caiva Dea

Tipp

Erlöserkirche und Römische Villa

Innerhalb von nur zwei Jahren (1911–1913) ließ Kaiser Wilhelm II. die evangelische Erlöserkirche erbauen – und dies, obwohl es gar keine evangelischen Einwohner in Gerolstein gab. Vor allem von innen ist sie (fast) einzigartig – lediglich in Jerusalem und im nahegelegenen Mirbach gibt es verwandte Bauten: 24 Millionen Mosaiksteine füllen das Innere der Kirche vollständig aus. Hier ist nichts gemalt, sondern in mühevoller Kleinarbeit gestaltet. Weltliche und geistliche Herrscher stehen sich dabei auch in einem Deckenmosaik gegenüber.

Bei den Bauarbeiten stieß man auf die Überreste einer römischen Villa Rustica. Bei den mittwochs und samstags angebotenen öffentlichen Führungen können die Kirche, die römische Villa Sarabodis und das im Gemeindehaus untergebrachte Museum besichtigt werden.
www.gerolsteiner-land.de/a-erloeserkirche-gerolstein

geweiht war, die auf die heiligen Mütter der Kelten zurückgeht. So wurde hier 124 n. Chr. mit dem Tempel ein römischer Wallfahrtsort errichtet – doch sowohl ältere Pfostenlöcher als auch die Tatsache, dass Caiva die Schutzpatronin der keltischen Bauern und Fruchtbarkeitsgöttin war, zeigen, dass dieser Ort schon weitaus früher eine heilige Stätte war. Die Bank unter dem 250 Jahre alten Baum an Rande der Anlage lädt dazu ein, ihn auch heute als Kraftort zu nutzen oder einfach die Aussicht zu genießen.

Ruine der Löwenburg

Der Name Gerolstein wird in abgewandelter Form erstmals 1115 genannt, als Gerhard von Blankenheim die Burg „Gerhardstein" errichtete und bezog. Die heutige Form als Wehrburg mit Vor- und Hinterburg entstand durch Ausbau bis auf die Klippen im 13. Jahrhundert. Später wurden zwei Kapellen und eine 2 m dicke Schildmauer ergänzt. Nach einem Blitzeinschlag 1670, bei dem der Pulverturm stark in Mitleidenschaft gezogen wurde, wurde die Burg 1691 von den Franzosen besetzt und von den Jülicher Truppen zurückerobert. Die dabei verwendeten Bomben und Feuerkugeln sorgten dafür, dass von Burg und Stadt nicht mehr viel übrig blieb. Heute

Museum

Naturkundemuseum Gerolstein

Unter dem Motto „Zeitreisen am Eifelsteig" werden im „Alten Rathaus" 383 bis 390 Millionen Jahre alte fossile Schätze gezeigt, die zumeist direkt aus Gerolstein stammen. Eine nachgebaute Höhle lädt mit Hilfe von echten Fundstücken zudem zu einer Reise von der Steinzeit bis heute ein, und die Waldabteilung und die Insektensammlung vermitteln ein umfangreiches Wissen rund um die Natur. Auch für Kinder werden umfangreiche Programme und Ausstellungselemente angeboten.

Hauptstraße 72, 54568 Gerolstein (www.nkm-gerolstein.de)

Löwenburg

thront die Ruine majestätisch über Gerolstein und ist allgemein zugänglich. Lediglich ein Teil der Vorburg wird privat bewohnt. An der Bergstraße befindet sich an den Fels gelehnt noch ein ehemaliger Wasserturm (Pütz) der Burg.
Die Ortschaft selbst soll sich ursprünglich auf die rechte Seite der Kyll beschränkt haben. Nach einer Feuersbrunst veranlasste der Graf, dass sie am linken Kyllufer neu errichtet wurde, wo heute noch einige Reste der Stadtbefestigung sichtbar sind, unter anderem an der Hauptstraße und der Mühlenstraße sowie in Form des Stadtmauerturms im Tal am nordöstlichen Ortsausgang.

Gastronomie

Pizzeria Costa Verde, Hauptstraße 70, 54568 Gerolstein (www.pizzeria-costaverde.com)
Restaurant Athen, Hauptstraße 61, 54568 Gerolstein (www.athen-gerolstein.de)
Restaurant Poseidon, Sarresdorfer Straße 12, 54568 Gerolstein (www.poseidon-gerolstein.com)
Schwarzbrennerei, Sarresdorfer Straße 53, 54568 Gerolstein

Charmanter Kurort mit heilendem Wasser

Bad Bertrich

Eingang zum landschaftstherapeutischen Park im „Römerkessel“

Aus über 2.000 m Tiefe sprudelt das Heilwasser empor und tritt mit einer Temperatur von 32 °C in Bad Bertrich an die Oberfläche – 123 Liter pro Minute. Es enthält reichlich Natrium-Hydrogencarbonat-Sulfat. Bereits die Römer nutzten „Vicus Betraicum" als Kurort!

Im 4. Jahrhundert n. Chr. ließen die Kaiser Valentian und Gratian ein Badegebäude mit Säulentempel errichten. Daran erinnert auch der „Römerkessel" – ein beeindruckend im Talkessel liegender, um die Philipp-Melanchton-Kirche und die Kriegsgräberstätte herum angelegter Park, der heute als landschaftstherapeutischer Park genutzt wird. Sieben Themengärten vermitteln verschiedene Emotionen, können beleben, beruhigen, beglücken und vieles mehr. Vom Kräutergarten über den stillen, den Bewegungs- und den Lavagarten bis hin zum Fürstengarten gibt es viel zu entdecken!

18

Anreise Pkw/Parkplatz:
Parkhaus an der Touristen-Information, Kurfürstenstraße 21, 56864 Bad Bertrich (GPS 50° 4'11.80"N, 7° 1'54.31"E)
Großparkplatz am Ortseingang Ost, Kurfürstenstraße 75, 56864 Bad Bertrich (GPS 50° 4'11.71"N, 7° 2'17.81"E)

Anreise mit ÖPNV:
Buslinien 560, 565, 716, 727, Haltestelle „Kurzentrum Bad Bertrich"

www.bad-bertrich.de

Die Glaubersalztherme ist die einzige ihrer Art in Deutschland und lädt nicht nur zum Baden, sondern am Brunnen der Heilquelle (der bereits von den Römern gefasst wurde – in den tieferen Lagen existiert noch das römische Mauerwerk!) auch zum Trinken ein. Aber Vorsicht: Je nach Menge und Temperatur wird eine ganz unterschiedliche Wirkung auf den Körper erzielt. Informationen und Glasflaschen zum Abfüllen erhalten Gäste unter anderem in der Touristeninformation am Ortseingang unweit der Therme.
Abgesehen von der Heilquelle weiß Bad Bertrich mit seinem Charme zu überzeugen. Ringsum liegen steile, felsige, bewaldete Hänge, durch einen Lavastrom formte der Üssbach den Hohlweg auf die Ortschaft zu, an dem auch die Elfengrotte mit ihren beiden malerischen Wasserfällen liegt. Im Talkessel selbst reihen sich am Ufer des Flüsschens weiß und freundlich strahlende Häuser, Kuranlagen, Geschäfte und Cafés aneinander und laden zum Erholen und Verweilen ein. Stilistisch ist alles dabei, was schön ist und den Augen Freude macht: Klassizismus, Neobarock, kurfürstlicher oder auch wilhelminischer Stil und vieles mehr. Bad Bertrich selbst liegt in einem 200 m tiefen Seitental der Mosel in unmittelbarer Nähe etlicher Vulkane, deren frühere Aktivität eindrucksvoll durch Felsformationen wie die Falkenlay, Vulkanschlote und etliche Maare sichtbar wird. Das Gebirge geht auf 390 Millionen Jahre alte Meeresablagerungen aus dem Unterdevon zurück. Hier tritt eine geologische Vielfalt zutage, die auch ohne Fachkenntnisse bei der bloßen Betrachtung den Atem stocken lässt.

Museum

Foto- und Filmmuseum

Hier dreht sich alles um Fotografie, Filmkameras, Fernseher, Projektoren und Laborgeräte aus allen Zeiten – ein bunter Querschnitt durch die Fotografie-, Fernseh- und Kinogeschichte. Die umfangreiche private Sammlung mit mehr als 2.500 Exponaten ist von Mai bis Oktober täglich von 14–18 Uhr geöffnet.
Kurfürstenstraße 70, 56864 Bad Bertrich (www.foto-filmmuseum.info)

Idyllischer Kurgarten

Besiedelt von Kelten, Römern und Rittern

Erstmals urkundlich erwähnt wurde Bertriacum 1097. Zuvor hielten sich jedoch nicht nur die Römer hier auf. An der Falkenlay bei Kennfus wurden in einer Höhle steinzeitliche Relikte gefunden, und bei der sogenannten Nanters- oder Entersburg, ebenfalls nordwestlich von Bad Bertrich und nordöstlich von Hontheim auf der Höhe über dem unteren Üssbachtal gelegen, handelt es sich ursprünglich um eine Kelten-Fliehburg. Funde belegen, dass auch die Römer sich auf dem Plateau aufhielten, bevor hier im Hochmittelalter eine Spornburg thronte, die 1138 vom Trierer Erzbischof zerstört wurde. 1895 wurde dort die Steffenswarte erbaut, ein aktuell renovierungsbedürftiger Aussichtsturm, dessen Besuch sich allein wegen des rustikalen Anblicks lohnt. Die Heimatspur „Erlebnisweg Ritter-Räuber-Römer“ führt auf einer Stecke von 6,3 km mit nur 66 Höhenmetern, meist idyllisch am Üssbach entlang, sowohl an dieser historischen Stätte als auch an der geologisch spannenden Elfengrotte vorbei.

Die heutige Pracht verdankt Bad Bertrich auch den überschwänglichen Gefühlen, die der letzte Kurfürst zu Trier, Clemens Wenzeslaus, dem Ort auf einer Reise entgegenbrachte. 1787 ließ er das Kurfürst-

Kurfürstliche Sommerresidenz, genannt „Schlösschen"

liche Schlösschen als Sommerresidenz erbauen, einen prunkvollen Bau im klassizistischen Stil mit ausgedehnter Kuranlage. Das Gebäude wird heute für Veranstaltungen und Trauungen genutzt. Führungen werden angeboten. Im Anschluss wurde das Kavalierhaus für die kurfürstlichen Gäste errichtet, das heute als Kurhotel dient. Unter der Herrschaft der französischen Revolutionstruppen wurde Bad Bertrich zunächst französisches, ab 1815 dann preußisches Staatsbad, das auch Prinz Wilhelm von Preußen beeindruckte. Der Badebetrieb stand in voller Blüte, Badekarten, die „Bertricher Makrone" und der Bertricus-Taler als bis heute gültige eigene Währung wurden eingeführt und durch eine Verlegung des Baches wurde weiteres Gelände gewonnen. Mitte des 19. Jahrhunderts entstand der Schwanenweiher. Der Ort zog Künstler, Autoren und Wissenschaftler an: Alexander von Humboldt, „Struwwelpeter-Vater" Dr. Heinrich Hoffmann, Emmi Elert und nicht zuletzt Clara Viebig, der heute ein Pavillon mit einer Dauerausstellung gewidmet ist, in dem regelmäßig Kulturveranstaltungen und Lesungen stattfinden. Übrigens wurde Bad Bertrich 2006 zum 27. Kanton der Schweiz erklärt, als deren Fußball-Nationalmannschaft dort ihr Quartier aufschlug.

Gastronomie

Restaurant Welfenstube, Kurfürstenstraße 74, 56864 Bad Bertrich (www.haus-hohenzollern.de)
Moselstube – Wein- & Bierlokal, Viktoriastraße 1, 56864 Bad Bertrich

Blick auf Bad Bertrich unterhalb des Hohenzollernturms

In der Nähe

Ulmen

Das 25 km nördlich gelegene Ulmen, Sitz der Verbandsgemeinde, hat sowohl historisch als auch geologisch ebenfalls Einmaliges zu bieten! Das 37 m tiefe Ulmener Maar entstand durch den jüngsten Vulkan nördlich der Alpen vor 11.000 Jahren und gilt als eines der 100 wichtigsten Geotope weltweit. Ein mittelalterlicher Tunnel zwischen dem Ulmener Maar und dem benachbarten Jungferweiher wurde wieder freigelegt und ist für Wanderer und Besucher begehbar, bis zu einem bestimmten Punkt sogar barrierefrei. Er führt unter der Autobahn hindurch. Auf dem über 20 Meter hohen Tuffwall rund um das Maar befindet sich die Ruine der Burg Ulmen, die um das Jahr 1000 erbaut wurde. Ein Hügelgrab aus der Zeit um etwa 500 v. Chr. sowie Gräber aus der Merowingerzeit südlich der Burg weisen darauf hin, dass bereits zu frühester Zeit Menschen dort lebten und siedelten. In Ulmen finden sich neben der neoromanisch-gotischen Pfarrkirche St. Matthias noch etliche sehenswerte Häuser und Gebäude, deren Anblick Freude macht und Geschichte vermittelt. Wanderwege laden zum Erkunden der Stadt, des Maars und der ebenso spannenden Umgebung. www.stadt-ulmen.de

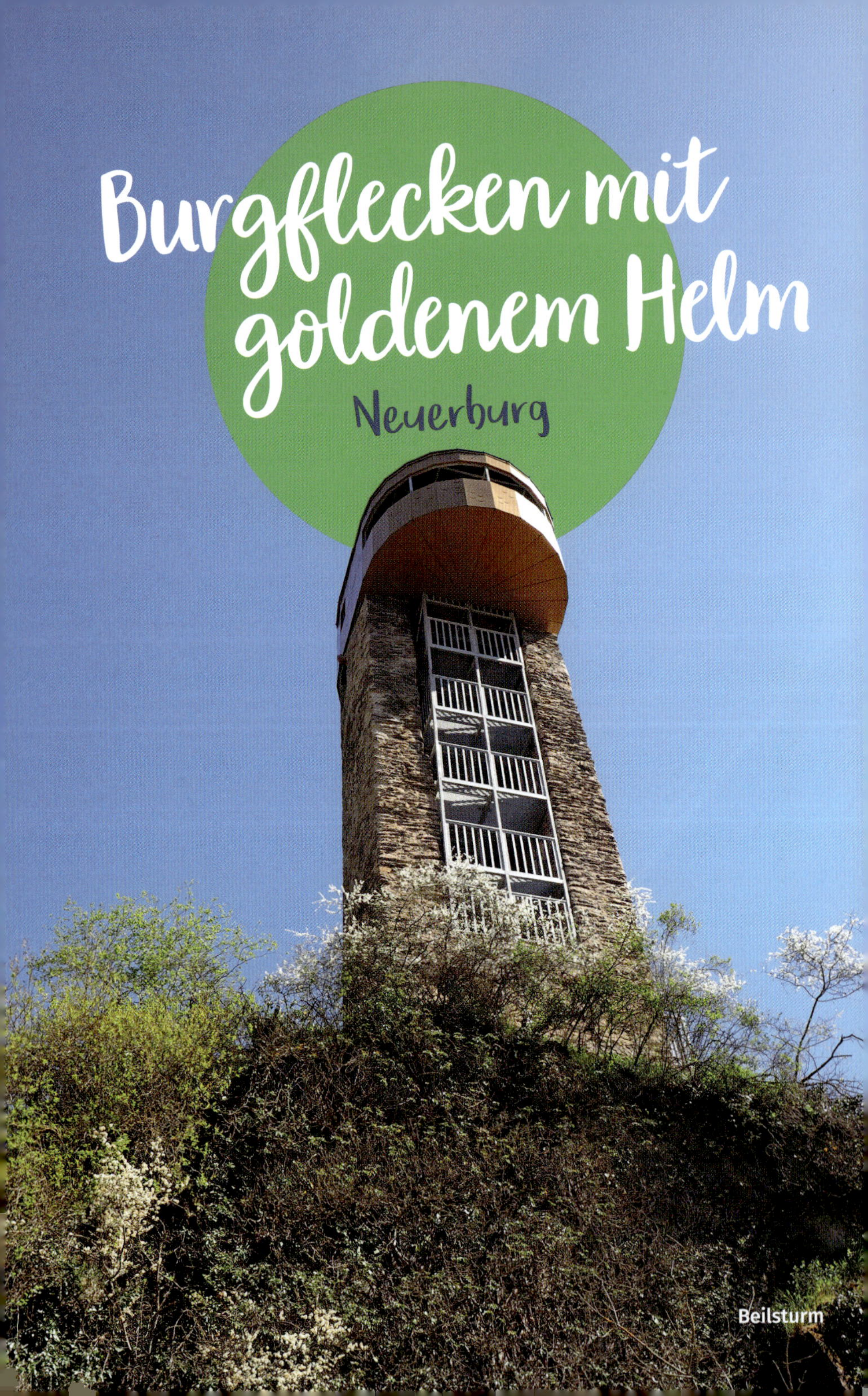
Burgflecken mit goldenem Helm
Neuerburg
Beilsturm

Weithin leuchtend präsentiert sich der moderne, goldfarbene Helm des Beilsturms und macht neugierig. Der Turm ist ein Teil der am Hang gelegenen Stadtbefestigung, deren älteste Teile nach 1332 erbaut wurden und die stellenweise auch begangen werden kann. Der Turm selbst stammt aus dem 16. Jahrhundert und diente zunächst als Vorwerk. Ende des 18. Jahrhunderts wurde er als Wohnturm des Feuerwächters genutzt, der jedoch den Großbrand von 1818 verschlief, dem fast alle Häuser der Stadt zum Opfer fielen. Über eine Treppe kann der Turm bestiegen werden und bietet eine atemberaubende Aussicht über Neuerburg, seine Burg und die katholische Pfarrkirche St. Nikolaus.

19

Anreise Pkw/Parkplatz:
Parkplatz Zinnenplatz, Ecke Poststraße/Dechant-Zimmer-Straße, 54673 Neuerburg (GPS 50° 0‘47.06“N, 6°17‘26.48“E)

Anreise mit ÖPNV:
Buslinien 423, 450, 456, Haltestelle „Neuerburg (Eifel), Marktplatz“

www.neuerburg-eifel.de

Tipp

Schwarzbildchen

Verfolgt von den Rittern des Grafen von Vianden, suchte Ritter Kuno von Falkenstein verzweifelt Schutz und Zuflucht. Daraufhin erschien ihm Maria und führte ihn zu einer hohlen Eiche, in der er sich verstecken und so seinen Widersachern entkommen konnte. Aus Dankbarkeit erstand der Ritter eine Altöttinger Madonna aus dem 17. Jahrhundert und stellte sie in die inzwischen 700 Jahre alte Eiche. Schnell entwickelte sich der Ort etwas oberhalb der Burg zu einem Anziehungspunkt für Pilger, und es wurde zusätzlich eine Kapelle errichtet. Stationsbilder der sieben Schmerzen säumen den Weg dorthin.

Ähnlich bunt wie die Geschichte des Turms und seine Kombination aus altem Gemäuer und modernem Goldhelm ist die Stadt selbst: Neuerburg ist vollgestopft mit historischen Bauten aus den verschiedensten Jahrhunderten. So stammen die Häuser der Denkmalzone Graf-Dietrich-Straße überwiegend aus dem 18. und 19. Jahrhundert, entstanden also weitgehend nach dem großen Stadtbrand, während an der Oberstraße auch ältere Bauten stehen, die teilweise auf das 16. Jahrhundert zurückgehen. Optisch tonangebend sind vor allem die Höhenburg, die spätgotische Pfarrkirche St. Nikolaus aus dem Jahr 1492 und das benachbarte, etwas höhergelegene strahlend weiße Vogtshaus (um 1624 erbaut), das heute als Pfarrhaus dient.
Burg Neuerburg gilt als größte erhaltene Burganlage des Eifelkreises Bitburg-Prüm. Teile der Bausubstanz stammen aus dem 12. Jahrhundert, wobei die Anlage im Laufe der Jahrhunderte verändert und erweitert wurde, bis ihre Festungsanlagen 1692 durch französische Truppen gesprengt wurden. Sie dient heute als Jugendherberge, Innenhof und Burgkapelle sind jedoch öffentlich zugänglich.
Auch die Eligiuskapelle erzählt eine spannende Geschichte. Es han-

Blick von der Stadtbefestigung auf Neuerburg

delt sich um den Chorraum einer 1437 erbauten Hospitalkirche, die 1886 der Brandstiftung zum Opfer fiel. Die etwas außerhalb liegende barocke Kreuzkapelle, ein Kriegerdenkmal, eine Kriegsgräberstätte, eine alte Mühle und ein idyllischer Park mit zwei Wasserfällen, in dem sich eine überdachte Brücke sowie ein historischer Wegweiser befinden, geben zahlreiche Möglichkeiten zum Schauen, Staunen und Verweilen. Eindrucksvolle Aussichten verspricht zudem die Wanderstrecke NeuerBurgWeg, die etliche Sehenswürdigkeiten in und oberhalb von Neuerburg miteinander verbindet.

In der Nähe

Mariensäule Waxweiler

Anders als die Mariensäulen in Trier und Kyllburg ist die „Madonna vom Eichelsberg" kein Symbol für den Katholizismus aus dem 19. Jahrhundert. Sie wurde erst 1946 errichtet: aus Dankbarkeit der Bevölkerung dafür, dass Waxweiler im Zweiten Weltkrieg von größeren Angriffen verschont blieb. Von der Andachtsstätte auf dem Eichelsberg bietet sich ein idyllischer Blick ins Prümtal. In der Dunkelheit beleuchtet, wacht sie als Lichtgestalt über ihre Ortschaft.
www.eifel.info/a-mariensaeule

Von Römern und Bierbrauern

Bitburg

Relief für Apollo und Sirona im Lapidarium

Es ist das Bier mit dem Slogan „Bitte ein Bit", das die Kreisstadt des Eifelkreises Bitburg-Prüm international bekannt machte. Doch es gibt noch viel mehr zu erkunden, zu sehen und über die Stadt und ihre Umgebung zu berichten – frei umformuliert könnte man sagen: „Bitte etwas Bitburg".

Mitten im fruchtbaren Bitburger Gutland der Südeifel gelegen, bot die Stadt schon den Römern beste Siedlungsbedingungen. Unmittelbar an der römischen Fernstraße von Köln nach Trier entstand um 10 n. Chr. eine Straßensiedlung („Vicus") namens „Beda", die aufgrund der günstigen Lage beständig wuchs und mit Tempeln, einem Theater, Badegebäuden, Handwerksbetrieben, Läden, Kneipen, Herbergen und steinernen Wohngebäuden der Bevölkerung einiges an Komfort bot.

20

Anreise Pkw/Parkplatz:
Parkplatz am Markt/Ludesgasse, 54634 Bitburg
(GPS 49°58'24.78"N, 6°31'20.54"E)

Anreise mit ÖPNV:
Buslinien 400, 401, 402, 408, 410, 428, 435, 450, 455
Haltestelle „Bitburg, Stadthalle"

www.bitburg.de
www.eifel-direkt.de

Im 4. Jahrhundert, als Folge der Germaneneinfälle im 3. Jahrhundert und nachdem Trier zur Kaiserresidenz aufstieg, wurde die Ortschaft mit 3,80 m dicken und vermutlich etwa 8 m hohen Mauern sowie 13 Rundtürmen und zwei Toren befestigt. Dieses „Castrum" schützte die Ortschaft und spielte eine bedeutende Rolle bei der Lagerung von Vorräten und Nahrungsmittel, aber auch zur Kontrolle der Straße und zur militärischen Sicherung.

Archäologischer Parcours

Dieses „Straßenkastell" kann in Form eines „Archäologischen Parcours" als Rundweg nahezu barrierefrei (jedoch teils über Kopfsteinpflaster) erwandert werden. Er beginnt an der Stadtmauer auf der Westseite in unmittelbarer Nähe des Rathauses und folgt fast vollständig der äußeren Kontur des „Castrums", jedoch unter Einbeziehung der Römerstraße vor der Liebfrauenkirche im Zentrum der Altstadt. Tafeln informieren über die Nutzung der jeweiligen Mauerteile, Tore und Türme. Hochinteressant ist auch das Lapidarium mit Brunneneinfassungen, die sich in den Hinterhöfen römischer Steinbauten befanden, und den Nachbildungen römischer Denkmäler, Statuen, Inschriften und Reliefs.

Tipp

Bitburger Erlebniswelt

1817 wurde „vor dem Schakentore" eine kleine Landbrauerei gegründet – der Beginn einer wunderbaren Erfolgsgeschichte. Auf 1.700 m² lässt sich im Rahmen von geführten Touren nicht nur die Geschichte der Familienbrauerei, sondern auch reichlich Wissenswertes über Bier und seine Herstellung erfahren. Vom historischen Sudhaus bis hin zur Abfüllung und Verkostung in der Bit-Lounge im alten Kesselhaus lässt sich die große Welt des Bitburger Premium Pils – in einer Kurzform auch online – erfahren.

Römermauer 3, 54634 Bitburg (www.bitburger.de)

Mittelalter und Neuzeit

Nahtlos setzte sich die Besiedelungsgeschichte fort. Unmittelbar vor den Toren der spätrömischen Befestigung, auf dem Gelände der Stadthalle, wurde ein spätantikes/frühmittelalterliches Gräberfeld aus dem 5. und 6. Jahrhundert n. Chr. gefunden. Viele der verstorbenen Männer, Frauen und Kinder waren gewaltsam zu Tode gekommen. Die durchgehende Besiedelung Bitburgs verhinderte die Nutzung der vorhandenen Bauten als Steinbruch und somit deren Abtragung. Nachdem Bitburg 1262 die Stadtrechte erhalten hatte, wurde das über das Castrum hinaus gewachsene Gebiet 1340 erneut durch eine Befestigungsanlage gesichert, die die alten römischen Mauern mit nutzte und um eine 1,10 m dicke mittelalterliche Stadtmauer erweiterte. Auch dies ist beispielsweise an Station 8 des Archäologischen Parcours sehr deutlich zu erkennen. Der „Holländische Krieg“ um 1676 und der Zweite Weltkrieg führten zur Zerstörung der Stadt und vieler Baudenkmäler. Daher sind beim Wiederaufbau Teile der Stadtmauer modern rekonstruiert worden. Seit 1817 erlangte der Name Bitburg durch den enormen Erfolg der ortsansässigen Familienbrauerei erneut überregionale Bedeutung.

Plätze, Brunnen, Geschäfte und Gastronomie sind wie geschaffen dafür, auch nach der abenteuerlichen „Schnitzeljagd“ entlang der ehemaligen Stadtmauer in der Altstadt zu verweilen und die Zeit in Bitburg zu genießen.

Brauerei-Ausschank „Simonbräu“, das Bitburger-Stammhaus

Burg Rittersdorf

Gastronomie

Brauerei-Ausschank „Zum Simonbräu“, Am Markt 7, 54634 Bitburg (www.simonbraeu.de)
Restaurant und Hotel Louis Müller, Hauptstraße 42a, 54634 Bitburg (www.hotel-louis-mueller.com)

Museum

Kreismuseum Bitburg-Prüm

Die Sammlung präsentiert in 20 Ausstellungsräumen das ländliche Leben „durch die Jahrhunderte“ sowie die Entwicklung von Handwerk und Industrie, vom Dorf zur Stadt. Dabei werden auch die Kinder nicht vergessen: „Johanna fällt aus dem Rahmen“ zeigt die Geschichte eines Mädchens, das vor 100 Jahren lebte, und nimmt Groß und Klein mit auf eine spielerische Zeitreise. In dem Gebäude befindet sich zudem das Kreisarchiv.

Trierer Straße 15, 54634 Bitburg (www.bitburg-pruem.de)

In der Nähe

Villa Otrang

Die „Villa Rustica", ein römisches Landgut bei Fließem, direkt an der ehemaligen Fernstraße von Trier nach Köln, versorgte im 1. bis 4. Jahrhundert n. Chr. die umliegenden Städte und Ortschaften mit landwirtschaftlichen Erzeugnissen. Über den Markt in Bitburg gelangten die Waren unter anderem nach Trier. In mehreren Schutzbauten lassen sich Wohnräume mit fein gearbeiteten römischen Mosaiken sowie Heiz- und Badeanlagen entdecken.
Otranger Straße, 54636 Fließem

Burg Rittersdorf

Während es sich bei den meisten Eifeler Burgen um Höhenburgen handelt, liegt die 1263 erstmals urkundlich erwähnte Anlage als Wasserburg direkt am Ufer der Nims. Der Bergfried wurde 1290, der nördliche Wohnturm um 1300 und das Wohngebäude mit zwei Rundtürmen ab 1550 erbaut. Hinter dem Wappentor aus dem Jahr 1575 befindet sich ein Restaurant. Zudem werden vor Ort standesamtliche Trauungen durchgeführt.
Restaurant Herrmann's, Bitburger Straße 30,
54636 Rittersdorf (www.restaurant-herrmanns.de)

Kyllburg mit Mariensäule und Stiftskirche

Die 1886 eingeweihte 15 m hohe Mariensäule auf dem Kyllburger Rosenberg kann von innen bestiegen werden. Die Aussichtsplattform bietet einen weiten Blick auf Kyllburg und seine Umgebung. Gerne genutzt wird der Brauch, die Säule illuminieren zu lassen, um einem Wunsch oder Gebet tiefen Ausdruck zu verleihen. Auf dem gegenüberliegenden Berg, ebenfalls hoch über der Kyll, befindet sich die 1284 erbaute ehemalige Stifts- und heutige Pfarrkirche im gotischen Baustil mit Kreuzgang aus dem 14. Jahrhundert und Renaissancefenstern im Chor. Die ganze Gegend lädt zum Wandern und Genießen ein – mit zahlreichen Ausblicken ins Land.
www.stadt-kyllburg.de

Lichterglanz und Pestflämmchen

Dudeldorf

Untertor während des Weihnachtsmarkts

Im adventlichen Lichterglanz verwandelt sich der mittelalterliche Ortskern im Herzen der Südeifel in sein ganz eigenes Weihnachtsmärchen. Die liebevoll dekorierten Häuser öffnen ihre Türen, und überall wird einzigartiges Kunsthandwerk angeboten. In jeder Garage, vor der Tür, in Scheunen und auch in manchem Wohnzimmer gibt es liebevoll angefertigte Unikate zu kleinen Preisen für glänzende Augen unter dem Weihnachtsbaum.

In der Herrengasse 7, gleich neben dem alten Pfarrhaus, öffnet Matthias die Türen seines 1747 erbauten Hauses, das heute noch so eingerichtet ist wie am Tag seiner Geburt. In der antiken Küche werden Waffeln angeboten, und auch die anderen Stuben dürfen bestaunt werden. Die trutzigen Stadttore und die Burg strahlen dazu in leuchtenden Farben. Kurz gesagt: Der Dudeldorfer Weihnachtsmarkt am ersten Adventswochenende ist längst kein Geheimtipp mehr – er gilt als einer der schönsten in der ganzen Eifel.

21

Anreise Pkw/Parkplatz:
Parkplatz Burg Dudeldorf, Bademer Straße,
54647 Dudeldorf (GPS 49°58‘31.15“N, 6°38‘8.05“E)

Anreise mit ÖPNV:
Buslinien 437, 438, Haltestelle „Dudeldorf“

www.dudeldorf.de

Spannende Geschichte(n)

Auch im Alltag ist die Ortschaft mit 1.300 Einwohnern eine Reise wert und hat reichlich Geschichte(n) zu erzählen. Der Turm der katholischen Pfarrkirche, die im Jahr 1909 erbaut wurde, stammt aus dem 12. Jahrhundert. Zu dieser Zeit existierten bereits zwei Burgen. Urkundlich erwähnt wurden die Herren von Dudeldorf erstmals 1052. 1345 wurden dem Dorf durch Johann den Blinden, König von Böhmen, als Graf von Luxemburg die Stadtrechte verliehen. 1354 wurde die Stadtmauer errichtet. Seit 1453 wachen das Obertor am ehemaligen Friedhof und heutigen Bürgerpark (wo der empfohlene Dorfrundgang beginnt) und das Untertor im Osten in unmittelbarer Nähe des Langebachs über die Geschicke der Bürger. Noch weitere Orte laden zum Verweilen: So lassen sich direkt am idyllischen Marktbrunnen das Breitgiebelhaus aus dem Jahr 1723 und das Treppengiebelhaus von etwa 1700 bewundern. Aus dieser Zeit stammt auch das Alte Brauhaus im Schatten des Kirchturms. Im 19. Jahrhundert sorgten zahlreiche Webereien und Spinnereien für eine wirtschaftliche Blüte, heute bittet im Dorfkern die eine oder andere Gastronomie zu Tisch.

Obertor

Tipp

Pestflämmchenweg

Wie schon der historische Rundgang beginnt auch der „Pestflämmchenweg“ im Bürgerpark vor dem Obertor. Dies ist nicht die einzige Sage Dudeldorfs, aber wohl die bekannteste. Im 16. Jahrhundert wurde die ganze Gegend aufs Schwerste von der Pest heimgesucht. Wo auch immer sie ihre Opfer suchte, wurde ein blaues Flämmchen gesichtet. Einem braven Handwerker gelang es, dieses Flämmchen in einer Ritze der Stadtmauer einzusperren, und endlich herrschte Ruhe im Ort. Nach sieben Jahren jedoch überkam den Mann die Neugier. Er schaute nach, was aus dem Flämmchen geworden war; es entkam und wütete erneut. Doch der Handwerker folgte ihm auf seinem Weg und konnte es schließlich an einem Wegekreuz bei Kallen erneut gefangen nehmen. Dieses „Pestkreuz“ ist bis heute jedes Jahr Ziel einer Gelöbnisprozession am Sonntag nach Fronleichnam. Ein Wanderweg ist ebenfalls ausgeschildert.
www.eifel-direkt.de/a-pestflaemmchenweg-dudeldorf

Gastronomie

Torschänke, Philippsheimer Straße 1, 54647 Dudeldorf (www.torschaenke-dudeldorf.de)
Burg Bistro „BellaVista“, Kirchstraße 23, 54647 Dudeldorf

Von Säubrennern und Renaissancebauten

Wittlich

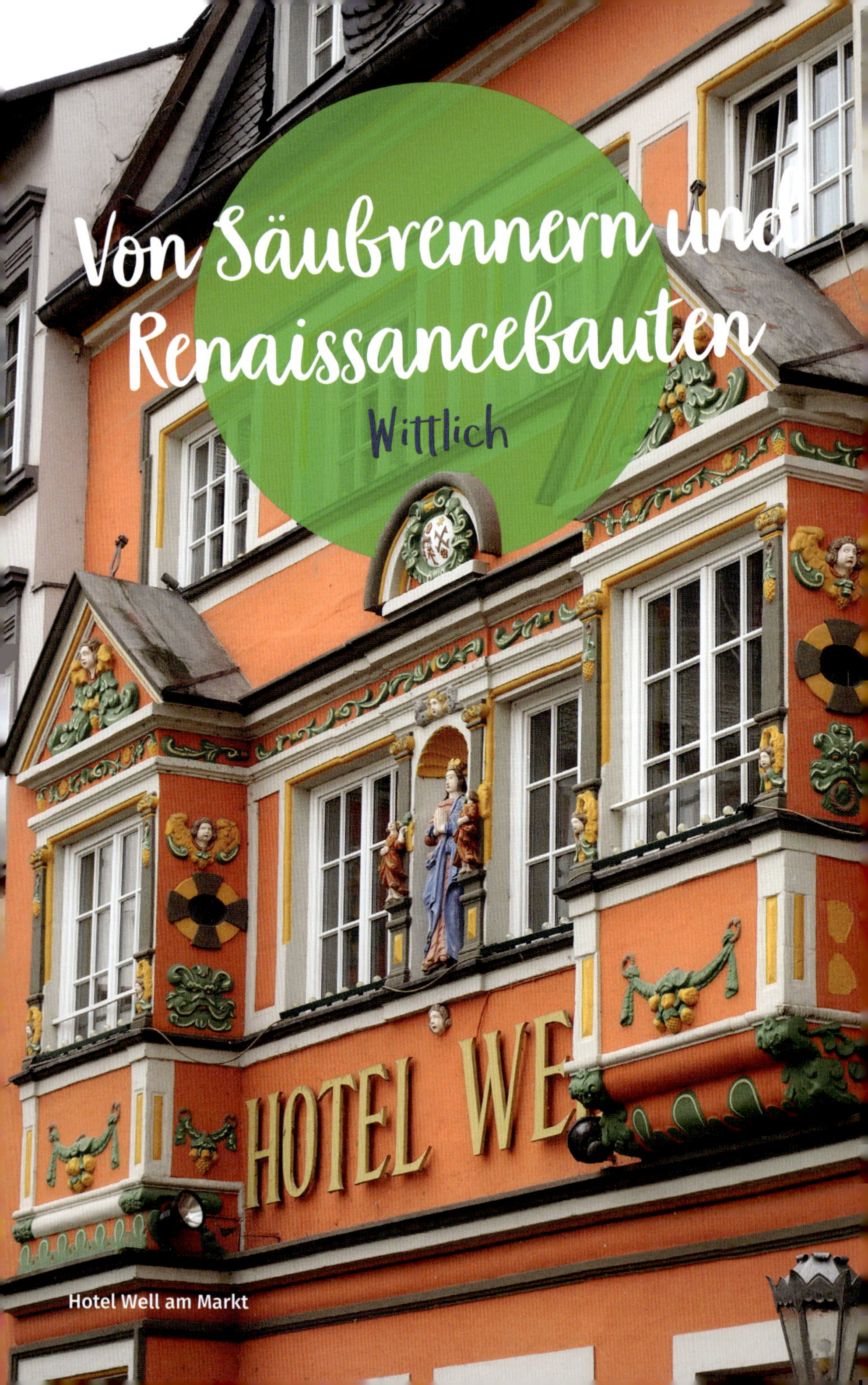

Hotel Well am Markt

Keine zehn Kilometer, bevor die Lieser in die Mosel mündet, besticht Wittlich südlich der Vulkaneifel mit seinem historischen Marktplatz und einer mehr als wechselvollen Geschichte.

Besonders eindrucksvoll ist das Alte Rathaus, ein Renaissancebau aus dem Jahr 1652, in dem sich auch die Touristeninformation und museale Räumlichkeiten befinden. Weitere Renaissance- und Barockbauten bestimmen das bunte, prachtvolle Bild des Marktes. Besonders eindrucksvoll: Das Ende des 17. Jahrhunderts erbaute Hotel Well und die ehemalige Posthalterei aus dem Jahr 1725.

22

Anreise Pkw/Parkplatz:
Parkplatz Zentrum Wittlich, Rommelsbach/Am Stadtpark, 54516 Wittlich (GPS 49°59‘8.12“N, 6°53‘0.14“E)

Anreise mit ÖPNV:
Buslinie 300, Haltestelle „Wittlich, Stadtpark“
Buslinien 212, 300, 301, 303, 304, 350, 351, 353, 356, 840, Haltestelle „Wittlich, ZOB“

www.wittlich.de
www.wittlicherland.de

Das Alte Rathaus

Museum

Kultur- und Tagungsstätte Synagoge

Das Gebäude der ehemaligen Synagoge an der Himmeroder Straße wurde 1910 eingeweiht und in der Pogromnacht 1938 zerstört. Nach ihrer Wiederherstellung dient sie heute als stilvoller Rahmen für kulturelle Veranstaltungen und Konzerte. Eine Ausstellung erinnert eindrucksvoll an das Schicksal der Juden in Wittlich. Die Synagoge kann zu den Öffnungszeiten besichtigt werden. Führungen werden angeboten. Himmeroder Straße 44, 54516 Wittlich (www.wittlich.de)

Weitere Museen:

„Türmchen – das Wittlicher HisTörchen", Burgstraße 57, 54516 Wittlich
Städtische Galerie im Alten Rathaus, Neustraße 2, 54516 Wittlich
CASA Tony M. in der ehemaligen Posthalterei, Marktplatz 3,
54516 Wittlich

Tipp

Römische Villa

Fast unmittelbar unter der Brücke der Autobahn 1 können etwas oberhalb der Lieser die Reste einer römischen Villa besichtigt werden. Sie wurde zwischen 150 und 200 n. Chr. erbaut, um das nahegelegene Augusta Treverorum (Trier) zu versorgen, und gilt als einer der größten Gutshöfe nördlich der Alpen. Ursprünglich war sie 140 x 28 m groß. Nachdem bereits die Franken um 350 n. Chr. den ursprünglichen Bau zerstörten, wurde der südliche Teil der archäologischen Funde durch den Bau einer Autobahnbrücke vernichtet.

www.wittlich.de

Die ersten Siedlungsspuren im Wittlicher Land stammen aus dem 3. Jahrtausend v. Chr. Auf dem nordwestlich der späteren Stadt gelegenen Burgberg befinden sich zudem Spuren einer „Tempelkopf" genannten, etwa 15 x 60 m großen keltischen (treverischen) Festungsanlage, die an drei Seiten durch steil abfallende Hänge gesichert war. Noch viel gegenwärtiger sind die römischen Relikte, unter anderem die Villa Rustica im Wittlicher Süden, an die sich nahtlos fränkische Spuren anschließen – auch der Weinbau wurde fortgeführt.

Blüte und Zerstörung

Die erste urkundliche Nennung geht auf das Jahr 1065 zurück, 1300 wurden die Stadtrechte erteilt, und in der Folge wurde 1317 die Stadtbefestigung errichtet, von der heute nur noch das „Türmchen", auch „HisTörchen" genannt, als Teil eines ehemaligen Stadttors im Osten der Altstadt vorhanden ist. Es enthält ein kleines Museum. Als Marktort und Handelszentrum mit einer guten Infrastruktur, begünstigt durch die Nähe zum Kloster Himmerod und den erfolgreichen Weinbau, erblühte die Stadt und erhielt als Nebenresidenz eine Burg, die heute nicht mehr sichtbar ist. Ausgelöst durch die

Reste der Stadtmauer an der Feldstraße

Angst vor der Pest, kam es zu einem ersten Judenpogrom Mitte des 14. Jahrhunderts. Fehden, Pest, Kriege, Brände und die Explosion der Pulvermühle führten in der Folge zu Not und Zerstörung. Nach 1689 wurden im Zuge des Wiederaufbaus die heute noch prägenden Bauten am Markt errichtet. 1707 wurde auch die ursprünglich gotische St.-Markus-Kirche nach einem Brand durch den heute noch sichtbaren Barockbau ersetzt. Anfang des 19. Jahrhunderts verschwand auch das Schloss, das an Stelle der Burg errichtet worden war, aus dem Stadtbild.

Heute leben in der Kreisstadt fast 20.000 Einwohner. Handel, Gewerbe und Gastronomie florieren an der Seite der sehenswerten historischen Bauten, und Liesertreppen und Lieserterrassen vor den Toren der Altstadt sind ideale Orte zum Entspannen und Genießen.

Info

Die Säubrennersage

Vor dem geschichtlichen Hintergrund der Belagerung von 1397 entstand die Säubrennersage – heute Namensgeber der jährlichen Kirmes und auch der Stadt. Während einer Belagerung war einem Torwächter der Riegel abhandengekommen, und er ersetzte ihn des Nachts durch eine Rübe. Eine entlaufene Sau fand den Weg zum Stadttor, fraß die Rübe und die Belagerer konnten in die Stadt eindringen, sie ausrauben und in Brand setzen. In ihrer Verzweiflung trieben die überlebenden Wittlicher Bürger alle Schweine der Stadt zusammen und verbrannten sie. Die Statue eines Schweins vor dem Alten Rathaus erinnert an die Sage und das damit verbundene traditionelle Volksfest.

Tipp

Lauschtour und Trickfilm

Mit Hilfe einer kostenfreien App und QR-Codes kann Wittlich virtuell auf eigene Faust erkundet werden. GPS-Punkte helfen bei der Orientierung auf der 1,6 km langen „Lauschtour". Im „HisTörchen" (Schlüssel in der Touristeninformation erhältlich) erteilt ein Animationsfilm unterhaltsam Auskunft über die wechselvolle Wittlicher Geschichte.
www.wittlicherland.de

Gastronomie

Restaurant Säubrenner-Klause, Himmeroder Straße 1a, 54516 Wittlich (www.säubrenner-klause.de)
Restaurant Daus, Karrstraße 19–21, 54516 Wittlich (www.restaurant-daus.de)
Brasserie Balthazar, Marktplatz 3, 54516 Wittlich (www.brasserie-balthazar.de)
Trattoria Pizzeria Strada 37, Karrstraße 37, 54516 Wittlich (www.facebook.com/strada37)

In der Nähe

Historische Ölmühle Bruch

In Bruch an der Salm befindet sich ein ganz besonderes Kleinod: Bereits 1284 wurde an dieser Stelle eine Bannmühle erwähnt, das heutige Gebäude wurde vermutlich 1558 erbaut und diente als Mahl-, Öl- und Sägemühle. Obwohl der Mühlenbetrieb 1954 eingestellt und der Bau zu Wohnzwecken genutzt wurde, sind das Mahlwerk mit Kollergang, Läufersteinen, Wärmeofen und Presse sowie die alten Kammern mit ihrer Einrichtung erhalten geblieben und öffentlich zugänglich. Zusätzlich können Führungen gebucht werden.
Schulstraße, 54518 Bruch (www.eifel.info)

Spuren aus längst vergangenen Zeiten

Bollendorf

Druidenstein auf dem Ferschweiler Plateau

Das zumeist idyllische Tal der Sauer bildet nicht nur die Grenze zum Großherzogtum Luxemburg, sondern hat auch eine uralte Geschichte: Bereits Jäger und Sammler zogen hier umher.

Die ältesten Zivilisationsspuren in dieser Region stammen aus der Zeit vor 350.000 Jahren, tatsächliche Siedlungsspuren aus der Mittleren Steinzeit (ca. 11500–4000 v. Chr.). Auf dem Ferschweiler Plateau bei Bollendorf finden sich gleich mehrere Spuren von kultischen Symbolen und Handlungen: Menhire wie der „Opferaltar Bärenstein", der „Druidenstein" und das „Fraubillenkreuz" stammen in ihrer ursprünglichen Form aus der Jungsteinzeit (5500–1800 v. Chr.) und sind heute über moderne Wanderwege für uns erfahrbar.

23

Anreise Pkw/Parkplatz:
Parkplätze am Sauerstaden, 54669 Bollendorf (GPS 49°51'4.66"N, 6°21'36.17"E)

Anreise mit ÖPNV:
Buslinie 431, Haltestelle „Bollendorf, Sauerstaden"

www.bollendorf.de

Eine „Wikingerburg" genannte, heute noch sichtbare Wallanlage stammt von einer bronzezeitlichen Kultur um 1200 v. Chr. Die Kelten hinterließen ab dem 9. Jahrhundert v. Chr. ihre Spuren, gefolgt kurz vor dem Beginn der christlichen Zeitrechnung von den Römern, die sich mit den bisherigen Bewohnern genetisch und kulturell mischten. Mit Stolz trägt Bollendorf die Spuren dieser Ära: die Überreste der römischen Villa Rustica oberhalb der Burg, das Diana-Denkmal bei Weilerbach, das Schmittenkreuz (bei dem es sich möglicherweise um ein Schiffergrab handelt) und die rätselhaften „Kiesgräber" tief

Museum

Römische Villa Bollendorf

Unter einem modernen Schutzbau verbergen sich – frei zugänglich – die konservierten antiken Grundmauern des Herrenhauses eines römischen Gutshofs aus dem 2. bis 5. Jahrhundert. Infotafeln geben Auskunft über die verschiedenen Gebäudeteile und Räumlichkeiten der 27 x 23 m großen Risalitvilla. Der Keller ist ebenfalls begehbar.
An der römischen Villa 2, 54669 Bollendorf (www.bollendorf.de)

Opferaltar „Bärenstein“

im Wald auf dem Ferschweiler Plateau. Wie die älteren Relikte dort oben muten auch die Überreste des römischen Gräberfelds mystisch an. Hier finden sich sowohl die Spuren zweier Hüttengrabsteine, die die Aschenkisten der feuerbestatteten Römer abdeckten, als auch Felsplatten mit rechteckigen Vertiefungen, die entweder als Unterbau eines Monuments dienten oder ebenfalls irdische Überreste oder Grabbeigaben enthielten. Mit zwölf Fundstellen, davon neun aus der Römerzeit, weist Bollendorf die höchste Dichte an Funden von antiken Gräberfeldern im Eifelkreis Bitburg-Prüm auf.

Von der Christianisierung bis zur Neuzeit

Außergewöhnlich sind auch die Spuren jüngerer Geschichte: So gelangte das „Fraubillenkreuz“ ursprünglich als Teil der jungsteinzeitlichen Megalithkultur an seinen Standort, wurde jedoch im Rahmen der Christianisierung zur Zeit des heiligen Willibrords zu einem bauchigen, schief stehenden Kreuz umgestaltet.

Erstmals erwähnt wird Bollendorf 716 als „villa bollana", eine Schenkung an die Abtei Echternach. Etwas unterhalb der ehemaligen römischen Villa Rustica entstand die Burg Bollendorf, die sowohl mittelalterliche als auch aus späteren Umbauten 1619 und 1776 stammende, teils barocke Gebäudeteile aufweist und heute als Restaurant dient. Ringmauer, ein Rundturm mit Schießscharten, Burgsaal, Halle und Ritterstube sind erhalten. Während die katholische Pfarrkirche St. Michael, die um 1836 erbaut wurde, und die Häuser in der Burgstraße die Geschichte des 18. und 19. Jahrhunderts in sich tragen, erzählt auf dem Weitberg westlich der Ortschaft noch ein anderes Relikt seine Geschichte: der Maria-Theresien-Stein, ein Grenzstein aus dem Jahr 1771 mit dem Wappen der Kaiserin, die zugleich Schutzherrin der Reichsabtei Echternach war. 1815/16, nach dem Wiener Kongress, wurden zwei Preußenkreuze hinzugefügt, um den geänderten territorialen Verhältnissen Rechnung zu tragen.

Parkanlagen am Ufer der Sauer

Tipp

Schloss Weilerbach und Barockgärten

1777 bis 1980 ließ der letzte Echternacher Abt, Emanuel Limpach, die als „Rokoko-Juwel" bezeichnete spätbarocke Schlossanlage in unmittelbarer Nachbarschaft einer Eisenhütte als Verwaltungssitz und Sommerhaus erbauen. Der Festsaal des Schlosses wird für kulturelle Veranstaltungen und Trauungen genutzt, Gelände und Park sind frei zugänglich, und in der ehemaligen Remise bietet ein Museumscafé von Ostern bis Mitte Oktober eine bunte Mischung aus kulinarischen Genüssen und historischen Gegenständen.

Schloss Weilerbach 3,
54669 Bollendorf
(www.schloss-weilerbach.de)

Mariensäule und Madonna im Stein

Die nahegelegene 5 m hohe Mariensäule stammt aus dem Jahr 1959 und wurde von Nikolaus Colle aus Dankbarkeit errichtet, dass er nach der Kriegsgefangenschaft wieder nach Bollendorf zurückkehren konnte. Mariendarstellungen sind hier keine Seltenheit: Neben der Marienkapelle und der Bildcheslay mit einer Statue der Muttergottes in einem Felsen, die den heimkehrenden Arbeitern aus den Sandsteinbrüchen Schutz und Geleit bot, bat 1977 ein Jagdpächter eine Künstlerin, eine im Stein erkennbare Gestalt einer schwangeren Frau farblich sichtbar zu machen. Die „Madonna im Stein" blieb lange Zeit geheim, und nach dem Tod des Jagdpächters wollte die Künstlerin ursprünglich der Natur freien Lauf lassen. Stattdessen wurde das Fleckchen Erde Teil des Märchenpfades und erfreut seine Besucher mit seiner geheimnisvollen Atmosphäre.

Mariensäule

In Bollendorf und seiner Umgebung verbinden sich uralte Historie und landschaftliche Schönheit. Erholung und Entspannung von anspruchsvollen Wanderungen und geschichtlichen Fakten bieten die grünen, liebevoll gestalteten Parkanlagen am Ufer der Sauer, unmittelbar an der luxemburgischen Grenze.

Gastronomie

Burgstuben Bollendorf, Burg Bollendorf, 54669 Bollendorf (www.prismahotel-burgbollendorf.de)

In der Nähe

Echternach

Nur einen Schritt hinter der Grenze liegt Echternach, das man als Wiege der Christianisierung und als eine kulturelle Geburtsstätte Europas bezeichnen kann. Der heilige Willibrord von Northumberland gründete hier 698 eine Benediktinerabtei. Er wird auch als „Apostel der Friesen" bezeichnet, verbreitete als Missionar den christlichen Glauben und wurde später als Heiliger verehrt. In ganz Deutschland und den Benelux-Staaten tragen Kirchen seinen Namen. Aus dem Kloster entwickelte sich im 10. und 11. Jahrhundert eine Maler- und Schreiberschule.

Echternach beeindruckt nicht nur durch seine historische Bedeutung, sondern auch durch die Architektur als mittelalterliche Stadt mit monumentalen Bauwerken. Spuren der Römer finden sich im Römerpalast aus dem 1.-5. Jahrhundert, und die Pfarrkirche Peter und Paul mit merowingischen, romanischen und gotischen Elementen wurde auf einem römischen Kastell erbaut. In ihrem Inneren verbirgt sich ein römischer Springbrunnen. Unter der nach dem Krieg wieder aufgebauten romanischen Basilika St. Willibrord, der früheren Abteikirche, befindet sich eine Krypta aus dem 8. Jahrhundert mit dem Grabmonument des Missionars, Freskomalereien aus dem 11. Jahrhundert und einer Quelle, der heilende Kräfte zugeschrieben werden. Ringmauern und Türme, die Orangerie, der Rokokopavillon und Patrizierhäuser aus dem 18. Jh. laden zu einer Zeitreise ein, die fast 2.000 Jahre umfasst.

www.visitechternach.lu

Im Inneren der Porta Nigra

Wer kennt sie nicht? Die Porta Nigra ist sicherlich eines der bekanntesten Bauwerke Deutschlands und damit Sinnbild für die uralte Geschichte der Stadt Trier, die die Balance schafft zwischen Stadt und Land, Mosel, Hunsrück und Eifel. Fast ebenso bekannt ist sicherlich die Tatsache, dass es sich um die älteste Stadt Deutschlands handelt.

Die Stadtgründung „Augusta Trevorums" durch die Römer wird auf das Jahr 17 v. Chr. datiert, nachdem hier bereits vorher Kelten vom Stamm der Treverer lebten und Landwirtschaft betrieben. Etwas weniger bekannt ist möglicherweise die Tatsache, dass Karl Marx hier 1818 das Licht der Welt erblickte. Ihm ist ein Denkmal auf dem Simeonstiftplatz gewidmet. In seinem Geburtshaus in der Brückenstraße befindet sich eine Ausstellung zu seinem Leben und Wirken.

24

Anreise Pkw/Parkplatz:
Parkhaus Hauptmarkt Trier, Walramsneustraße 1e, 54290 Trier (GPS 49° 45'30.13"N, 6° 38'21.08"E)
City Parkhaus Trier, Zuckerbergstraße 31, 54290 Trier (GPS 49° 45'23.99"N, 6° 38'11.95"E)

Anreise mit ÖPNV:
Buslinien 1,2, 3, 5, 7, 13, 14, 80, 81, 83, 86, 87, Haltestelle „Porta Nigra"
Buslinien 2, 6, 7, 8, 14, 30, 31, 81, 82, 83, 84, 85, Haltestelle „Kaiserthermen"

www.trier-info.de
www.zentrum-der-antike.de

Sehenswürdigkeiten und Museen reihen sich in der kreisfreien Stadt mit etwa 110.000 Einwohnern aneinander wie Perlen auf einer Kette. Große Teile der römischen Stadtmauer mit 6,4 km Länge sind noch erhalten und formen einen antiken Rahmen um die Altstadt, mit der Porta Nigra als gigantischer Anziehungspunkt im Norden sowie den Kaiserthermen und der Römerbrücke (die als ältester römischer Brückenbau Westeuropas gilt) als weithin sichtbare Attraktionen im Süden. Bereits 18/17 v. Chr., als die Stadt am Reißbrett entstand, wurde hier eine hölzerne Brücke errichtet. Mit Hilfe der wissenschaftlichen Holzdatierung konnte das Alter der Überreste genau festgestellt werden. Sie belegen damit zugleich den Zeitpunkt der Stadtgründung. Die aktuelle, dritte Brücke stammt aus dem Jahr 144 n. Chr. Bis heute tragen diese Steinpfeiler die Last der Fahrzeuge, die sie überwinden. Mit jedem Kaiser schritt die Entwicklung der Stadt voran. Sie wuchs bis zum Ende des 4. Jahrhunderts zu einer von vier Hauptstädten des römischen Reiches heran und wurde zu Recht „zweites Rom“ genannt, mit einem Amphitheater und einem Circus Maximus, etlichen Thermen, einem Forum und allem, was eine römische Großstadt benötigte.

Porta Nigra (Nordseite)

Tipp

Amphitheater

Um 160 bis 200 n. Chr. wurde im Osten der Stadt, unweit der Weinberge, eine Arena errichtet, die auch als Stadttor genutzt werden konnte. Vermutlich fanden etwa 20.000 Menschen auf den Tribünen einen Sitzplatz, um Tier- und Gladiatorenkämpfe, Vorträge und Festspiele zu erleben. Im 3. Jahrhundert wurde sie zusätzlich mit einem Arenakeller und einer Hebebühne ausgestattet. Nach dem Weggang der Römer diente sie als Steinbruch, jedoch sind immer noch Einfahrten, 15 „Carcer" (Käfige und Kammern), Erdhänge, der Kerkerbereich (in dem sich auch frühchristliche Spuren fanden), Tonnengewölbe sowie Mauer- und Torreste deutlich zu erkennen. Das römische Pflaster im Eingangsbereich rechts wurde mit Original-Fundstücken aus dem Altbachtal neu verlegt.

Olewiger Straße 25, 54295 Trier

Hinterlassenschaften der Römer

Wie auch die Stadtmauer wurde die Porta Nigra, die diesen Namen erst im Mittelalter aufgrund ihrer Farbe erhielt, um 160–200 n. Chr. als nördliches Stadttor erbaut. Ihre Oberfläche aus ehemals weißem Sandstein hatte sich im Laufe der Jahrhunderte durch den Einfluss von Kleinorganismen verfärbt, und die Steinquader, die aus der Umgebung stammen, wurden durch Eisenklammern miteinander verbunden – ohne Mörtel. Der Eremit Simeon, der nach seinem Tod 1035 sehr schnell heiliggesprochen wurde, ließ sich dort nieder, so dass das ehemalige Stadttor zu einer doppelstöckigen Kirche umgebaut und um einen Chorbau erweitert wurde, statt wie andere Gebäude zu jener Zeit der Stadtbevölkerung als Steinbruch zu dienen. Spuren aus dieser Zeit sind in und an dem antiken Baudenkmal deutlich sichtbar, und ein Modell des Sakralbaus ist Teil der Ausstellung in den Innenräumen. Galerien, Treppen und Fenster sorgen für spannende Ein- und Aussichten. Noch eine Dimension tiefer geht es in den Kaiserthermen, deren Baubeginn um 300 n. Chr. erfolgte, um nach dem Aufstieg zur Kaiserresidenz mit etwa 40.000 Einwohnern ein größeres und schöneres Bad als die bereits vorhandenen Barbarathermen zu errichten.

Römische Kirchenbauten

Konstantin der Große war der erste römische Kaiser, der den christlichen Glauben annahm. Ihm war auch die Religionsfreiheit zu verdanken, die ab dem Toleranzedikt 313 n. Chr. in Trier herrschte. Bereits um 310/320 wurden die heutige Konstantinbasilika sowie

Tipp

Mariensäule

Auf dem Pulsberg westlich von Trier lächelt „Säulenmarie" freundlich hinab auf ihre Stadt. Als Symbol katholischer Machtdemonstration wurde sie – durch Spendengelder finanziert – 1866 eingeweiht, als die beiden Konfessionen um die Vorherrschaft in der Stadt buhlten. Heute bietet sich von dem fast 41 m hohen Denkmal eine erhebende Sicht über Trier und das Moseltal. Zudem hat sich der Brauch eingebürgert, die Mariensäule für eine Nacht beleuchten zu lassen, um liebe Menschen zu beschenken, jemandem zu gedenken oder für einen Wunsch göttlichen Beistand zu erbitten.

Auf der Jüngt, 54293 Trier
(GPS 49° 45'36.93"N, 6° 37'11.71"E)
www.dominformation.de

Römerbrücke

eine dreischiffige Basilika errichtet, deren Überreste über die Dom-Information zugänglich sind, da sie sich unter dem Gebäude befinden. Funde haben ergeben, dass sich hier zuvor ein repräsentatives Wohnhaus befand. Ein Deckengemälde aus diesem Gebäude ist im Museum am Dom ausgestellt. Um 340 entstand der Kernbau des heutigen Domes als Teil einer monumentalen Kirchenanlage aus vier miteinander verbundenen Basiliken. Die Anlage umfasste zwei rechteckige Gebäude-Inseln und war damit weitaus größer als die heute sichtbare „Doppelkirchenanlage“, bestehend aus dem Dom St. Peter und der Liebfrauenkirche. Der Umriss von etwa 30–40 x 150 m ist im Straßenpflaster abgebildet und kann „erlaufen“ werden. Der Sage nach soll der Teufel mitgeholfen haben, gewaltige Granitsäulen aus dem Odenwald nach Trier zu transportieren. Als er feststellte, dass es sich bei dem Bau nicht – wie angenommen – um das größte Wirtshaus der Welt handelte, sondern um eine Kirche, soll er eine der Säulen auf die Kirche geschleudert haben. Sie landete jedoch davor und zerbrach. Bis heute rankt sich um diesen „Domstein“ vor dem Eingang die Legende, dass es Glück bringt, auf dem Stein nach unten zu rutschen. Der Trierer Dom gilt als älteste Bischofskirche nördlich der Alpen. Ein 40 x 40 m großer antiker Querbau ist innerhalb der Kirche, rund um den Hochaltar, noch erhalten. Hinzu gesellt sich eine erstaunlich harmonische Mischung aus allen Baustilen, die seit jener Zeit bis heute in Europa vorherrschten, sowie etliche Darstellungen von Tieren, darunter nicht nur Drachen, Fische, Pferde und Schlangen, sondern auch die berühmten „Dom-Mäuse" sowie eine kleine Computermaus an einer Säule im Kreuzgang. Die Liebfrauenkirche dagegen präsentiert sich einheitlicher im gotischen Stil mit Deckenmalereien.

Die Zeit nach den Römern

Nachdem sich germanische Überfälle so sehr häuften, dass das Römische Reich die militärische Kontrolle über die Rheinzone und „Gallien" verlor, wurde das Gebiet aufgegeben. Franken siedelten sich in Trier an, und ihr König Chlodwig, ein Merowinger, ließ sich christlich taufen. Zurückgebliebene „Romanen" und Franken mischten sich und bildeten fortan die Stadtbevölkerung. Ein großer Teil der ehemaligen Großstadt wurde landwirtschaftlich genutzt, rund um die römischen Großbauten entstanden modernere Gebäude und Befestigungsanlagen. Im Mittelalter entwickelte sich Trier aufgrund seiner günstigen Lage an etlichen Verkehrsknotenpunkten zu einem florierenden Umschlagplatz von Waren, vor allem Tuch und Wein, die vor Ort hergestellt wurden. Etliche Gebäude, allen voran das spätromanische Dreikönigenhaus aus der ersten Hälfte des 13. Jahrhunderts, repräsentierten Reichtum, Bedeutung und Blüte der Stadt. Heute ist Trier geprägt von Wissenschaft, Forschung, Fremdenverkehr und der Bewahrung und Präsentation seiner Baudenkmäler, die größtenteils zum UNESCO-Welterbe gehören.

Sankt Georgsbrunnen am Kornmarkt

Wohin man auch schaut: Geschichte sickert in Trier aus jeder Pore. Es lohnt sich, die Stadt in Ruhe zu durchstreifen, sie zu erkunden, sich in ihren Straßen und auf ihren Plätzen aufzuhalten und den Atem der Zeit zu erspüren.

Museum

Rheinisches Landesmuseum

Am Rande des Palastgartens, unmittelbar an der alten Stadtmauer, residiert seit 1877 das Rheinische Landesmuseum Trier, in dem nicht nur auf 3.500 m^2 etwa 4.500 archäologische Funde gezeigt werden, die von der Steinzeit bis zum Ende des Barocks datieren, sondern das zudem als Forschungs- und Publikationszentrum dient. In dem überwältigenden Fundus befindet sich unter anderem die „Gründungsscheibe" aus Holz, die die Trierer Stadtgründung belegt, das „Neumagener Weinschiff", der „Trierer Spruchbecher", ein Stadtmodell Triers im 4. Jahrhundert, der größte römische Goldmünzenschatz der Welt, die größte Mosaikensammlung nördlich der Alpen sowie die „Gräberstraße" mit einer Sammlung von Grabmälern aus dem Raum Trier, die Szenen aus dem römischen Alltag zeigen und zu bestimmten Zeiten als öffentliche Vorstellung „Im Reich der Schatten" durch visuelle Projektionen lebendig in Szene gesetzt werden.
Weimarer Allee 1, 54290 Trier (www.zentrum-der-antike.de)

Weitere Museen:
Museum am Dom, Bischof-Stein-Platz 1, 54290 Trier
(www.museum-am-dom-trier.de)
Stadtmuseum Simeonstift, Simeonstraße 60, 54290 Trier
(www.museum-trier.de)
Karl-Marx-Haus, Brückenstraße 10, 54290 Trier
(www.fes.de/museum-karl-marx-haus)
Schatzkammer der Wissenschaftlichen Bibliothek der Stadt Trier,
Weberbach 25, 54290 Trier (www.stadtbibliothek-trier.de)
Domschatzkammer, Mustorstraße 2, 54290 Trier
(www.dominformation.de)
Spielzeugmuseum, Dietrichstraße 51, 54290 Trier
(www.spielzeugmuseum-trier.de)
Verkehrsmuseum, Gottbillstraße 13–15, 54290 Trier

Blick vom Petrisberg auf Trier

Gastronomie

Café Mohrenkopf, Markusberg 11, 54293 Trier (www.cafe-mohrenkopf.com)
Wirtshaus Zur Glocke, Glockenstraße 12, 54290 Trier (www.romantikhotel-zur-glocke.de)
früh bis spät, Glockenstraße 6–7, 54290 Trier (www.frueh-bis-spaet-trier.de)
Christis – Eis & Kaffee, Sternstraße 5, 54290 Trier (www.christis-trier.de)
Weinstube Kesselstatt, Liebfrauenstraße 10, 54290 Trier (www.weinstube-kesselstatt.de)
Schlemmereule, Domfreihof 1B, 54290 Trier (www.schlemmereule.com)

In der Nähe

Igeler Säule

Bei dem eindrucksvollen, 23 m hohen Monument zum Gedenken an eine reiche Tuchhändlerfamilie handelt es sich um den größten erhaltenen Grabstein nördlich der Alpen. Er ist mit Reliefs geschmückt, und der Adler auf seiner Spitze repräsentiert Göttervater Jupiter. Seine Bedeutung lässt sich auch daran ablesen, dass Goethe ihm 1792 einige begeisterte Zeilen widmete.